Vegetarisch kreativ

Gemüse überraschend kombinieren · DUŠKO FIEDLER · blv

Inhalt

Vorwort 7

Kochen mit allen Sinnen 9

Der Koch 10
Geschmacksvielfalt erleben 11

Kreative Kombinationen 16
Kombiniere: Ein Koch, der rechnet 17
Die Harmonieformel: eigene Gerichte kreiern 17
Die Idee des Würzens 20
Die Mahlzeit 22

Einfach loslegen! 24
Die Küche 25
Die Minimalausrüstung für leichte Rezepte 26
Die erweiterte Ausrüstung für eine schmackhafte Gemüseküche 28
Die Vorratskammer 30

15 Mahlzeiten in je 2 Varianten — 37

Knallgrüner Basmati mit knusprigem Feta und Aubergine	37
Erdige Graupen treffen Ananas mit Majoran	45
Klassisch raffiniert: himmlische Semmelknödel mit Curry	53
Kross gebratene Spätzle mit Steckrüben und Cranberrys	61
»Königsgemüse« Spargel – mit Früchten der Saison	69
Krosse Kartoffelrösti mit Kräutern und Apfelpüree	77
Grüne Kartoffelklöße begleitet von Champignons und Tomaten	85
In bester Gesellschaft: knusprige Polenta mit würzigem Gemüse	95
Kulinarischer Flirt: Gnocchi mit Früchten und Paprika	103
Knusprige Bohnenfrikadelle mit Sesam und karamellisierter Banane	111
Herzhafte Quarknocken mit Kohlrabi und Kartoffeln	119
Rotes Bohnenragout an Kartoffelwürfeln und Blauschimmelkäse	127
Grießnocken mit Basilikumrübchen und Zitronen-Avocadodip	135
Sommerleicht: Spinat-Maismehlnocken mit Gemüse der Saison	143
Zweierlei Pfannkuchen mit frischem Gemüse und Nuss	150
Kekse für den Biss	158
Die optimale Herstellung der Mahlzeiten	162
Danksagung	165
Rezeptverzeichnis	166
Über die Autoren	167

Vorwort

Viele unserer Bekannten haben immer wieder gesagt: »Macht doch mal ein Buch!« Wir haben uns gefragt, was das Ziel dieses Buches sein könnte. Unsere Vision: Jeder Mensch sollte sich mit einfachen Zutaten ausgewogen ernähren können.

Die vegetarische Küche ist die kreativste Küche, die wir je gekocht haben. Sie zeigt, dass alles möglich ist; dafür benötigt es nur sehr wenige Regeln, die in der von uns entwickelten »Harmonieformel« (Seite 17) aufgeführt sind.

Die Harmonieformel ist aus Zeitmangel entstanden. Für unseren »Foodtruck« auf den Hamburger Wochenmärkten entwickeln wir jeden Tag neue, spannende Kombinationsgerichte, denn die Kunden sollen ein besonderes kulinarisches Erlebnis haben. Das bedeutete für uns 18 Stunden, um das Gericht zu erstellen, 8 Stunden für Vorbereitung und für das Kochen und nur 15 Minuten fürs Aufessen.

Das Verhältnis stimmte nicht; aber mit der Harmonieformel ist es möglich, in wenigen Minuten ein neues Gericht zu kreieren. Unterstützung beim Kochen gibt die Vorratskammer; die Produkte, die immer da sein sollten, damit man täglich Zeit spart.

Viele, die von der Buchidee hörten, sagten mir, gib' Deine Formel nicht preis! Aber es ist so einfach, warum sollte ich es für mich behalten?

Die Vielfalt auf dem Teller scheint einen erst einmal zu erschlagen, aber da wir bei jeder Mahlzeit die Reihenfolge der Herstellung und des Anrichtens erklärt haben, ist es ein Leichtes, selbst ein kleines Kunstwerk auf den Teller zu bringen.

Dieses Buch beschreibt die Kriterien, wie die einzelnen Bestandteile eines vegetarischen Gerichtes beschaffen sein sollten. Das soll es auch jedem Ungeübten möglich machen, die Produkte auf den Punkt zu garen.

Es bedarf nur den Mut, alles bis jetzt Verschmähte mit anderen Augen zu sehen und Lebensmittel ohne Vorurteile neu zu entdecken.

Nicole und Duško Fiedler
Hamburg im Februar 2014

Kochen
mit allen Sinnen

Wichtig ist schon der Einkauf, denn die Qualität muss stimmen. Auch der Umgang mit dem Produkt zählt: das richtige Schneiden, die richtigen Größen – all das hat einen Einfluss auf den richtigen Garpunkt. Ob das Gemüse gar ist, kann man sehen, fühlen, hören und schmecken. Zum Schluss das Abschmecken – unsere »Regeln« helfen dabei, einfach mal was auszuprobieren.

Der Koch

»Hast Du Hunger? Willst Du wissen, was es heute gibt? Nimm den Löffel, das musst Du probieren.« – Seit drei Jahren steht Duško Fiedler auf zwei Wochenmärkten in Hamburg und kocht, animiert, erinnert sich an jedes Gesicht. Sein Mittagstisch gleicht einer Kochshow, die live läuft. Jede Frage nach Zutaten oder Techniken beantwortet er, stellt sie manchmal sogar selbst. Und so scheint es, als läge alles offen vor seinen Gästen, als gäbe es keine Geheimnisse.

Geschmacksvielfalt erleben

Duško Fiedler, heute 40 Jahre alt, kam mit 17 in die Lehre. Seine Wanderjahre absolvierte er unter anderem in Hamburger Spitzenrestaurants bei Alexander Tschebull im Wattkorn, Josef Viehhauser im Le Canard, wo er mit Michael Hoffmann arbeitete. Er führte eine Jugendherberge, war gastronomischer Leiter und nahm sich immer wieder Auszeiten für lange Reisen. 1996 unternahm er eine dreimonatige Fahrradtour, die von Mexiko nach Kanada führte, 2000 erforschte er ebenso ausgiebig und auch mit dem Rad Neuseeland, ein Jahr später wanderte er in Bolivien.

Du bist viel in der Welt herumgekommen. Gibt es Erlebnisse mit Speisen, die Dich besonders beeindruckt haben?

Duško Fiedler: Viele. Die Straßenköche im bolivianischen La Paz, die Garküchen in Hongkong, das Baguette in Frankreich. Ich tüfftle noch immer daran herum, wie man es so knusprig hinkriegen kann. Und in Neuseeland erinnere ich mich an ein Couscous-Gericht mit Mayonnaise und Lammfleisch, genial. Ich hatte noch nie so eine Kombination gegessen. Kalte Mayonnaise, heißes Couscous. Ich mache es heute manchmal so.

Bevor du angefangen hast, auf dem Markt zu kochen, hast Du ein Regelwerk für die vegetarische Küche aufgestellt. Was war der Auslöser dafür?

Duško Fiedler: Eine Provokation. Ich habe für verwöhnte Kunden gekocht. Beste Zutaten: Hummer, Langusten, solche Sachen, in bewährten Kombinationen. Doch immer das Beste langweilt irgendwann. Einer der Kunden meinte, toll wäre eine Küche nach drei Maximen: Es darf nix kosten. Es darf sich nie wiederholen. Es muss immer spektakulär aussehen. Ich habe lange Listen mit Kombinationen einfacher Produkte geschrieben, Möglichkeiten, wie sie in Mahlzeiten zusammenwirken können. Fleisch und Geflügel sind dabei. Für die Mahlzeiten auf dem Markt haben wir das entstandene Regelwerk auf Gemüse und Früchte eingeschränkt. Wir ahnten nicht, dass es funktioniert. Jetzt wissen wir es.

Der Erfolg ist großartig. Was zieht die Kunden an?

Duško Fiedler: Sie sind überrascht, dass es immer wieder Neues gibt und dass alles zusammenpasst. Bei bestimmten Gemüsen, zum Beispiel Weißkohl, sagen sie immer wieder »Nein, das esse ich nicht«. Und wenn sie es dann doch probiert haben, sagen sie »Aber bei Dir esse ich das gern«.

Woran liegt das?

Duško Fiedler: Ganz einfach, ich hab's richtig gegart. Blumenkohl zum Beispiel kommt bei mir aus dem Backofen.

Teure Zutaten überlässt du anderen. Magst Du keine Trüffel?

Duško Fiedler: Doch, aber eher die weißen, bei denen ist das Aroma noch intensiver. Weiße Trüffel auf Kartoffelpüree gehobelt, das ist irre, ein Traum. Aber Zutaten müssen nicht teuer sein. Wir kochen ohne Safran, teure Distel- und Traubenkernöle, nehmen einfache Gemüse, Karotten, Sellerie, Lauch und heben ihre Aromen mit Kräutern und Gewürzen.

Auch Knoblauch fehlt, dieses Wundermittel?

Duško Fiedler: Aber man braucht ihn nicht. Schnittlauch oder Meerrettich würzen ebenso. Viele meiner Marktkunden arbeiten in Büros. Wenn sie auf mein Essen schauen, lautet ihre erste Frage: Ist Knoblauch dran. Und ich sag': Nein.

Und was hast Du gegen Nudeln? Sie kommen in Deiner Küche nicht vor.

Duško Fiedler: Weil sie allgegenwärtig sind. Wir machen Spätzle*, das ist einfach und geht ohne Nudelmaschine. Darüber hinaus machen wir mit Absicht keine Nudeln. Sie sind reizlos.

Aber Nudeln sind populär.

Duško Fiedler: Den Leuten wird immer wieder vorgemacht, wie einfach es ist. Nudeln ins heiße Wasser, 8 Minuten warten. Fertig. Eine gute Alternative: Getreide benötigt auch nicht mehr als 10–15 Minuten Garzeit.

Hast Du etwas in Deiner Küche, das sich Menschen nach der Arbeit genauso einfach und schnell machen können?

Duško Fiedler: Man kann morgens früh schon seinen Reis so vorbereiten, dass er mittags fertig ist. Ich habe das von meiner Mutter gelernt. Neben dem Frühstück hat sie Teile des Essens hergestellt. Man kann auch schon mal ungeschälte Kartoffeln kochen. Wenn man nach dem Abgießen den Deckel auf dem Topf lässt, muss man sie nur noch abpellen. Sie halten sich lauwarm.

Das klappt, wenn man eine Halbtagsstelle hat. Welche Chance haben die Leute, die nach 10 oder 12 Stunden abgespannt nach Hause kommen?

Duško Fiedler: Ich bin ehrlich, die haben es schwer. Auch am Wochenende sind sie so erschöpft, dass sie kaum Lust haben, für die Woche vorzukochen. Aber natürlich kann man sich aus unseren Rezepten einen guten Vorrat anlegen: Wer die Quarknocken und die Sauce schon vorbereitet hat, muss nur noch Reis kochen und Gemüse dünsten.

Was ist die Hauptschwierigkeit einer konsequent vegetarischen Küche?

Duško Fiedler: Die Kunden dazu zu bringen, dass sie das Fleisch nicht vermissen. Ich experimentiere viel. Sorge dafür, dass immer etwas Knackiges auf dem Teller liegt. Ich gebe viel Petersilie in den Reis*; ich verwende intensive Aromen, Senf, getrocknete Tomaten, Minze, Dill und erreiche, dass die Kunden nicht mehr daran denken, dass ihnen Fleisch fehlen könnte.

Fleisch nährt eben gut und vermittelt das zufriedene Gefühl, satt zu sein.

Duško Fiedler: Ja, das bewirken die Eiweiße und das Fett. Da ist die vegetarische Küche eingeschränkt. Vor allem gibt es nur wenige schnelle Lösungen, also proteinreiche Gemüse-Mahlzeiten, die rasch zuzubereiten sind. Gerichte mit Hülsenfrüchte wie Bohnen, Linsen, Erbsen sind eine gute Möglichkeit, aber sie brauchen Zeit in der Vorbereitung. Pfannkuchen* gehen schneller, da ist Ei drin. Aber insgesamt gibt es in der vegetarischen Küche nur drei schnelle Proteine: Eier, Milchprodukte und Nüsse.

Schnell het sich dood lopen (d.h. man hat sich schnell dran satt gegessen), heißt es im Plattdeutschen, Du kommst ja aus Norddeutschland.

Duško Fiedler: Stimmt. Wenn es nur darum ginge, satt zu werden, gäbe es viele Möglichkeiten. Es sind die Kohlehydrate, die nähren. Die stecken im Reis*, im Grieß* und in den Kartoffeln*. Doch der Trick ist, die Proteine mit auf den Teller zu bringen, erst dann ist die Mahlzeit vollgültig.

Während Du auf dem Markt kochst, erklärst Du jedem, der fragt, Deine Rezepte. Volle Hitze ist etwas, das Du am häufigsten betonst.

Duško Fiedler: Ist das so? Es gibt zwei Gründe. Volle Hitze beim Braten von Anfang an erhält erstens die Farbe und zweitens die Konsistenz. Wenn die Pfanne nicht lange genug

»Hunger? Schon mal Grießnocken mit Lavendel probiert?«

vorgeglüht ist, werden Salat und Blumenkohl matschig, die Radieschen bleiben nicht rot. Deshalb ist am Anfang des Garprozesses immer volle Hitze gefragt.

Geht es nicht ohne?

Duško Fiedler: Natürlich, mit viel Zeit. Man kann Gemüse auch ganz langsam garen. Lauch bei 120 Grad im Backofen, anderthalb Stunden lang.

Essen für Kinder, ein kritisches Kapitel. Viele Eltern verzweifeln daran.

Duško Fiedler: Dabei ist es einfach, wenn man weiß, worauf man achten muss. Das Essen darf nicht überwürzt sein. Der Teller muss klar strukturiert sein: links der Reis, rechts der Brokkoli, unten der Fisch, keine Sauce! Und wichtig: die Farben. Die Mohrrüben müssen richtig orange, der Blumenkohl weiß, das Kartoffelpüree goldgelb sein. Kinder essen mit den Augen. Und sie lieben es süß. Denn süß bedeutet Sicherheit.

Also Süßigkeiten.

Duško Fiedler: Nein, um Gottes willen. Süß sind Kräuter, verschiedene Gemüse: Gurken, Tomaten, Mohrrüben und Erbsen. Kinder lieben Erbsen. Auch Basilikum ist süß.

Wünschen sich die Kunden auf den Wochenmärkten manchmal etwas von dir?

Duško Fiedler: Dass ich etwas wiederhole. Die Himbeersauce mit dem gebratenen Feta, den Mandeln und dem Fenchel zum Beispiel.* Oder die Quarknocken.* Und sie wünschen sich, einen Geschmack wiederzuerkennen. Das sind dann oft Kindheitserinnerungen und Traditionsgerichte, die bei mir eine neue Kombination erleben. Die Ziegenjoghurtsauce auf Limonenbasis hat eine Kundin, die an Lactoseunverträglichkeit leidet, an Buttermilcheis erinnert, von dem sie als kleines Mädchen immer nur ein klein wenig kosten durfte. Ziegenjoghurt ist lactosefrei. Bei mir konnte sie essen, ohne Angst zu haben.

* Seitenhinweise

Spätzle mit Steckrüben und weißem Rettich,	*Seite 62*
Grüner Basmati,	*Seite 38*
Kräuterpfannkuchen,	*Seite 152*
Gebratene Grießnocken mit Basilikumrübchen,	*Seite 136*
Grüner Kartoffelkloß mit goldgelben Champignons,	*Seite 86*
Gebratener Feta mit Himbeersauce,	*Seite 31, 41*
Quarknocken mit Mohnbirnen,	*Seite 120*
Ziegenjoghurt-Sauce,	*Seite 155*

»Rotkohl, Tomaten, Rosmarin – eine tolle Kombi!«

Kreative Kombinationen

Ein Gericht und die unzähligen Möglichkeiten, es abzuwandeln: Steht der Sinn nach Kräftigem, Süßem, Erdig-Nussigem oder Säuerlichem? Das Jonglieren mit Gemüsen, Früchten und Kräutern macht aus einem Grundrezept eine russische Puppe, viele Fassungen stecken in ihm. Man muss sie nur hervorlocken.

Kombiniere: Ein Koch, der rechnet

Eins plus zwei plus drei, eine Spitze dazu, Struktur nicht vergessen – der Pianist, der Jahre geübt hat, spielt mit einfachen grundlegenden Akkorden. Und trotzdem: Hören wir die Rechenkunst oder das Interpretationstalent? Schmecken wir eine Systemküche oder das Ergebnis unendlicher Experimentierlust? Die Regeln sind simpel und schnell erklärt. Sie helfen, Strukturen zu erkennen. Doch wie bei Bridge, Canasta und Rommé eröffnen sie nur das Spiel – unendlich ist die folgende Kunstfertigkeit und das Kombinationsvermögen.

Wie funktioniert vegetarisches Kochen? Gemeint sind nicht die einfachen Garprozesse, sondern Kochen im Sinne von Mahlzeiten entwickeln. Jeder kennt bewährte Gerichte. Fragt nicht nach dem Wieso und Weshalb. Spargel mit Schnittlauchsauce. Apfel und Meerrettich. Blumenkohl und Petersilie. Das hat man schon oft probiert und könnte sogar Paare aufstellen. Leicht bitterer Spargel, dazu scharfer Schnittlauch. Süße Äpfel und scharfer Meerrettich. Nussiger Blumenkohl und pfeffrige Petersilie. Die Sache scheint einer Regel zu folgen: Kontraste sind erfolgreich, Gegensätze machen das Essen zum Genuss.

Aber ist es wirklich so? Natürlich kann man auf die bewährten Mittel des Kombinierens zurückgreifen und so leckere (und wohl bekannte) Gerichte entwickeln. Es lassen sich aber auch neue, spannendere, ungewöhnlichere vegetarische Geschmackserlebnisse kreieren. In diesem Buch sind die einzelnen Rezepte der dreißig Gerichte als Bestandteil eines Büffets gedacht. Aus diesen kann man unendlich viele neue Gerichte kombinieren. Wie das geht, zeigt die Harmonieformel.

Die Harmonieformel: eigene Gerichte kreieren

»Auf die Plätze, fertig, los«, das wäre schön. Aber immer der Reihe nach: Um ein neues Gericht zusammensetzen zu können, werden zuerst die Gerichte des Buches in ihre einzelnen Zutaten (nach der 1-2-3-Regel) aufgeschlüsselt. Das geht mit der Harmonieformel, die nach fünf Kriterien funktioniert.

1. Ist die 1-2-3-Regel berücksichtigt?

Das Geheimnis ist es, aus verschiedenen Produkten die Harmonie des Gerichts herzustellen, die durch einen bewusst eingebauten Kontrast (wie ein Paukenschlag im Musikstück) wieder durchbrochen wird.

Der Kontrast ist das stärkste Aroma im Gericht, das immer wieder einen neuen Platz bekommt, d. h. ausgehend vom stärksten Aroma können neue Variationen des Gerichtes

entstehen oder das stärkste Aroma (zum Beispiel Rucola) wird anderes verarbeitet (zum Beispiel ein Rucolapesto statt Rucolasalat). Der Platz für das stärkste Aroma kann die Sauce, zum Beispiel eine Currysauce, der Kick/die Textur, zum Beispiel die Kräuter-Nusspaste sein, oder auch das intensive Gewürz des Gemüses sein, zum Beispiel Zimt an Roter Bete. Oftmals übernehmen Kräuter und Gewürze die Funktion des stärksten Aromas, ohne den Eigengeschmack der anderen Zutaten zu überlagern.

Das stärkste Aroma eines Gerichtes ist entweder süß/sauer (1) oder bitter/würzig (3). Wobei die Zahlen keine Wertung, sondern nur eine für die Kombination wichtige Einteilung darstellen.

Die 1-2-3-Regel:

Alle Lebensmittel sind einzuteilen in »süß/sauer« (1), »neutral« (2) und »bitter/würzig« (3). Die Harmonie in einem Gericht wird durch neutrale Zutaten (2) erreicht, die die (noch) unspektakuläre Basis der Mahlzeit bilden. Erst die Zugabe von einzelnen Zutaten, die »süß/sauer« (1) und/oder »bitter/würzig« (3) sind, durchbricht die Harmonie und gibt die Geschmacksspitzen. Dominieren allerdings »bitter/würzig« (3) und »süß/sauer« (1), schmeckt das Gericht nicht.

Rechts: Die Grundlage der Kombinationsküche ist die Einteilung in Pilze, Früchte, Kohl, handfestes Gemüse und Wurzelgemüse.

Beispiele für die Einteilung von Zutaten		
1=süß, sauer	2=neutral	3=bitter, würzig
Basilikum	Gemüse	Dill
Berberitze	Getreide	Thymian, frisch
Estragon	Kartoffeln	Ingwer
Früchte	Milch	Koriander
gegarte Zwiebeln	Reis	Kümmel
gemahlener Koriander		Kurkuma, gemahlen
gemahlener Kreuzkümmel		Liebstöckel
Kapern		Lorbeerblätter
Kerbel		Majoran
Korianderkörner		Meerrettich
Kreuzkümmelsamen		Muskatblüte
Lavendelblätter und -blüten		Nelken, ganz oder gemahlen
Mohn		Petersilie
Nüsse		Rosmarin
Sauerampfer		Rucola
Wacholder		Salbei
		Senf
		Senfsamen
		Zimtstange
		Zimt, gemahlen

2. Aus welchen vier Elementen besteht ein Gericht?

- Gemüse: Pilze, Früchte, Kohl, Wurzelgemüse, handfestes Gemüse (d. h. Gemüse, das nicht in die ersten 4 Kategorien fällt, wie zum Beispiel Tomaten) – pro Gericht wählt man Gemüse aus verschiedenen Kategorien (zum Beispiel Tomaten und Pilze), um eine große Vielfalt auf dem Teller zu haben
- Sättigungsbeilage: Reis, Kartoffeln oder Getreide (meistens wählt man eines pro Gericht)
- Eiweißkomponente: zum Beispiel Feta oder Quark (das Eiweiß kann auch in Sättigungsbeilagen, wie dem Kartoffelkloß, enthalten sein)
- Sauce: Fruchtsauce, Béchamelsauce, Vinaigrette, Kartoffelsauce, Pesto oder Gemüsesauce

3. Sind die wichtigsten Nährstoffe enthalten?

- Kohlenhydrate: in Sättigungsbeilagen, Kartoffelsauce
- Eiweiß: in Milchprodukten, Nüssen, Pilzen
- Fette: in Saucen, durchs Braten oder zum Beispiel in Grießnocken
- Vitamine: in Gemüse, Früchten, Kräutern

Eine ausgewogene Mahlzeit enthält alle vier dieser Bestandteile.

4. Ist die Struktur gegeben? Ist etwas Knuspriges, Krachendes vorhanden?

Beispiele: knusprige Polenta, Rösti, Kekse oder Salate

5. Sind verschiedene Farbnuancen vorhanden?

Rot und Grün sollten in jedem Gericht vorkommen, weil sie das Auge am meisten ansprechen. Weitere Farbnuancen wie Gelb, Weiß, Braun, Orange usw. können diese ergänzen.

Die Idee des Würzens

In vielen Lehrbüchern steht, dass ein Gericht verschiedene Gewürze beinhaltet, von denen eines den Ton angibt und die anderen das Gericht begleiten. In den Mahlzeiten dieses Buches ist es nicht nur ein Gewürz, sondern darüber hinaus auch noch ein dazu passendes Kraut, welches den Ton angibt. Das heißt, mehrere Gewürze und auch Kräuter ergeben das Aromengerüst. Die Aromenvielfalt wird dadurch erweitert und ermöglicht zahllose Kombinationen. Bei allen Gerichten steht im Aromenmuster (siehe unten) die Würzigkeit im Vordergrund, die normalerweise dem Fleisch vorbehalten ist. Das lässt selbst den stärksten Fleischliebhaber ohne Fleisch glücklich werden. Durch die einfachen Zutaten, die fast überall zu haben sind, ist diese Küche leicht umsetzbar.

Üblich ist es, wenig Gewürze und Kräuter pro Gericht zu verwenden – dies lässt sich bis zur Geschmacksexplosion mit vier bis zehn Gewürzen und zwei bis fünf Kräutern pro Gericht steigern.

Das Aromenmuster: Alle aufgeführten Gerichte bekommen durch die verwendeten Kräuter und Gewürze eine bestimmte Geschmacksrichtung. Alle Gerichte haben eine würzige Note, die kräftig, mild oder sogar mild-süßlich sein kann.

Die Kräuter und Gewürze

Diese Tabellen (rechts) bilden eine Hilfestellung für das eigene Ausprobieren und zeigen, wie man welche Kräuter und Gewürze einsetzen kann. Sie zeigen auch, welche Kräuter und Gewürze wann einsetzbar sind. Das Garverfahren ist wichtig, damit Geschmack und Farbe der Kräuter und Gewürze erhalten bleiben. Die Lebensmittel dieser Tabelle sind bereits nach der 1-2-3-Regel eingeteilt.

*Einschwenken bedeutet, dass man durch Schwenken oder Bewegen der Pfanne oder des Topfes zwei oder mehr Zutaten miteinander vermengt (Foto Seite 88). Bei allem, was empfindliche Kanten hat (zum Beispiel bei Rhabarber und Birne), werden Gewürze und Kräuter eingeschwenkt und nicht untergerührt.

1 = süß, sauer

Lebensmittel	Jahresverwendung	Garverfahren
Basilikum	Sommer	kalt, einschwenken*
Berberitzen	ganzjährig	am Ende der Garzeit zugeben
Estragon	Sommer	Einschwenken, max. 70–80 Grad
Kapern	ganzjährig	am Ende der Garzeit zugeben
Kerbel	ganzjährig	kalt, einschwenken, als Butter
Koriander, gemahlen	ganzjährig	am Ende der Garzeit zugeben
Korianderkörner	ganzjährig	kochen
Kreuzkümmel, gemahlen	ganzjährig	am Ende der Garzeit zugeben
Kreuzkümmelkörner	ganzjährig	kochen
Lavendelblätter	Sommer	einschwenken, max. 80–100 Grad
Lavendelblüten, getrocknet	ganzjährig	backen
Mohn	ganzjährig	braten, einschwenken, max. 70–80 Grad
Sauerampfer	Sommer	kalt, Ausnahme als Butter
Wacholder, gemahlen	ganzjährig	am Ende der Garzeit zugeben
Wacholderkörner	Winter	kochen

3 = bitter, würzig

Lebensmittel	Jahresverwendung	Garverfahren
Dill	ganzjährig	kalt, bedingt einschwenken
Ingwer	ganzjährig	braten, kochen
Ingwer, gemahlen	ganzjährig	backen
Korianderkraut	Sommer	kalt
Kümmel	ganzjährig	kochen
Kümmel, gemahlen	ganzjährig	am Ende der Garzeit zugeben
Kurkuma, gemahlen	ganzjährig	am Ende der Garzeit zugeben
Liebstöckel	Sommer	einschwenken, max. 70–80 Grad
Lorbeer	ganzjährig	kochen
Majoran	ganzjährig	kalt, einschwenken, max. 70–80 Grad
Meerrettich	ganzjährig	kalt, einschwenken, 70–80 Grad
Muskatblüte	ganzjährig	kochen
Nelken, ganz	ganzjährig	kochen
Nelken, gemahlen	ganzjährig	backen, am Ende der Garzeit zugeben
Petersilie	ganzjährig	kalt, einschwenken, max. 70–80 Grad
Rauke	ganzjährig	kalt, braten
Rosmarin	Sommer	braten, einschwenken, max. 70–80 Grad
Salbei	ganzjährig	braten
Senf	ganzjährig	köcheln unter 100 Grad, kalt
Senfsamen	ganzjährig	am Ende der Garzeit zugeben
Thymian, frisch	ganzjährig	einschwenken, bei max. 70–80 Grad
Zimt, gemahlen	Winter	am Ende der Garzeit zugeben
Zimtstange	Winter	kochen

Die Mahlzeit

Senfeier sind unser Beispiel, denn das zugleich populäre und stiefmütterlich behandelte Gericht scheint festgewachsen in seiner Ausführung, seiner Geschmackslage und Verbannung in Kantinen und Volksküchen. Es stellt weder Anforderungen an den Koch, noch an den Speisenden. Ist fix zubereitet, genauso schnell und hindernislos heruntergeschluckt. Scheinbar klar und simpel in ihrer Zusammenstellung bieten Senfeier ein Paradeexempel. Denn nur zwei Komponenten stehen fest: Senf und Ei. Alles andere lässt sich ändern, immer unter Berücksichtigung der **Harmonieformel:**

Auch bei besten Aromen, der Magen darf nicht knurren: Kohlehydrate und Fette machen satt.

Ein Gericht, das alle Sinne anspricht, besteht aus Sättigung, Gemüse, Sauce und, wenn möglich, aus einer zusätzlichen Eiweißkomponente.

Ohne Vielfalt gibt es wenig Genuss: 1 plus 2 plus 3, das Aromenmuster muss stimmen. Farbnuancen fördern den Appetit: Gelb, Grün, Rot.

Drei **Entscheidungen** machen den Anfang:
1. Die Eier sind pochiert.
2. Sättigung liefern nicht all die anderen bedenkenswerten Möglichkeiten, weder Couscous, Risotto, Polenta noch Grießnocken, sondern ein klassisches Kartoffelpüree.
3. Die Senfsauce basiert auf einer einfachen Béchamelsauce.

Ein Gericht in drei Varianten

1: Würzig-mild

Pochierte Eier, Senfsauce, Gewürzblumenkohl mit Meerrettich und gerösteten Walnüssen, Himbeersauce, Petersilienpesto, Kartoffelpüree.

Harmonieformel	
Aromenmuster	Würzig, mild; Kontrast: Meerrettich, Muskatblüte
Textur	Weich: Kartoffelpüree, Saucen, pochierte Eier, Gewürzblumenkohl, Petersilienpesto Knackig: geröstete Walnüsse
Farben	Gelb, Rot, Grün, Braun, Weiß
Gerichtsbestandteile	Sättigungsbeilage: Kartoffelpüree, Sauce: Senf- und Himbeersauce, Petersilienpesto; Gemüse: Gewürzblumenkohl; Textur/Kick: geröstete Walnüsse, geraspelter Meerrettich
Nährstoffe	Kohlehydrate: Kartoffelpüree, Himbeersauce Eiweiß: pochiertes Ei Fette: Walnüsse, Pesto, Senfsauce Vitamine: Gewürzblumenkohl, Meerrettich, Petersilie, Himbeersauce

Und so wird angerichtet: Kartoffelpüree in der Mitte des Tellers wie eine Art Scheiterhaufen anrichten. Zwei mittelgroße Röschen Blumenkohl nord- und südpolmäßig vom Kartoffelpüree daneben geben, Walnüsse und Meerrettich über den Blumenkohl streuen. Je 1 EL Himbeersauce als Linie auf den rechten Tellerrand geben. Die Senfsauce links vom Kartoffelpüree anrichten. In die Mitte des Kartoffelpürees zwei pochierte Eier geben. Mit dem Petersilienpesto eine Linie längs über das Kartoffelpüree und die pochierten Eier setzen.

2: Würzig, kräftig

Pochierte Eier, Senfsauce, Hokkaido, Schwarzwurzeln, geröstete Erdnüsse, gebratener Salbei und Rucola, dazu Kartoffelpüree.

Harmonieformel	
Aromenmuster	Würzig, kräftig; Kontrast: Salbei, Zimt.
Textur	Weich: Kartoffelpüree, Sauce, pochierte Eier, Hokkaido, Schwarzwurzeln Knackig: geröstete Erdnüsse, gebratener Salbei und Rauke
Farben	Gelb, Orange, Grün, Braun, Weiß
Gerichtsbestandteile	Sättigungsbeilage: Kartoffelpüree, Sauce: Senfsauce, Gemüse: Hokkaido, Schwarzwurzeln, Textur/Kick: geröstete Erdnüsse, gebratener Salbei und Rucola
Nährstoffe	Kohlenhydrate: Kartoffelpüree Eiweiß: pochiertes Ei Fette: Walnüsse, Senfsauce Vitamine: Hokkaido, Schwarzwurzeln, gebratener Rucola und Salbei

Und so wird angerichtet: Kartoffelpüree in der Mitte des Tellers wie eine Art Scheiterhaufen anrichten. Kürbis rechts davon fächerartig, Schwarzwurzeln auf das Kartoffelpüree, darauf zwei pochierten Eier und wiederum darauf die gebratenen Kräuter und die grob gestoßenen Erdnüsse geben. Die Senfsauce links vom Kartoffelpüree anrichten. Je 1 EL Himbeersauce als Linie auf den rechten Tellerrand geben.

3: Würzig, mild, süßlich

Pochierte Eier, Senfsauce, Karottenpüree, Erbsen-Estragon-Püree, Himbeersauce und geröstete Cashewkerne, dazu Kartoffelpüree.

Harmonieformel	
Aromenmuster	Würzig, mild, süßlich; Kontrast: Estragon, Senf
Textur	Weich: Kartoffelpüree, Senfsauce, pochierte Eier, Karottenpüree, Erbsen-Estragon-Püree Knackig: geröstete Cashewkerne
Farben	Gelb, Rot, Grün, Braun, Weiß, Orange
Gerichtsbestandteile	Sättigungsbeilage: Kartoffelpüree, Sauce: Senf- und Himbeersauce, Gemüse: Karottenpüree, Erbsen-Estragon-Püree, Textur/Kick: geröstete Cashewkerne, Himbeersauce
Nährstoffe	Kohlenhydrate: Kartoffelpüree, Himbeersauce Eiweiß: pochiertes Ei Fette: Cashewkerne, Butter und Öl im Gemüsepüree, Senfsauce Vitamine: Karottenmus, Erbsen-Estragon-Püree, Himbeersauce

Und so wird angerichtet: Kartoffelpüree in der Mitte des Tellers wie eine Art Scheiterhaufen anrichten, das Erbsen- und Karottenpüree jeweils als eine Nocke nord- und südpolmäßig daneben geben. Die Senfsauce links vom Kartoffelpüree. In die Mitte des Kartoffelpürees zwei pochierte Eier geben. Die Cashewkerne grob stoßen und auf die pochierten Eier streuen. Je 1 EL Himbeersauce als Linie auf den rechten Tellerrand geben.

Einfach loslegen!

Unser Anspruch: Die kreative und ausgewogene Kombinationsküche soll für jeden machbar sein. Mit einfachen Geräten – die meisten davon haben alle zu Hause in der Küche – und einfachen, saisonalen Produkten. Mit einer kleinen Vorratskammer, in der Pürees, Gewürzmischungen, Fonds und Saucen ihren Platz finden, spart man Zeit beim täglichen Kochen.

Die Küche

Ein Profikoch in der Küche eines Hobbykochs. Das ist Duško Fiedlers große Herausforderung für dieses Buch. Denn alle Rezepte sollen mit wenigen Utensilien und in jeder Küche nachkochbar sein. Dieses Kochbuch hat eine Mission. Jeder soll die Rezepte kochen können und zwar in seiner eigenen Küche, mit seinen Utensilien. Für Duško läuft für dieses Buch der Tauglichkeitstest. »Kochen ist üben, üben, üben. Wenn dabei die Handgriffe immer wieder versperrt sind, macht das keinen Spaß.« Also ran ans Organisieren im individuellen Umfeld. In jeder Küche gibt es ein paar schlichte Verbesserungen, einige Spezialisierungen für die vegetarische Küche und ein paar Tipps zur besseren Organisation.

Gut wäre ein Regalbrett über dem Herd mit den wichtigsten Gewürzen darauf, schwarzer Pfeffer, Kümmel, Koriander, Fenchel, Thymian, Lorbeer. Und rechts vom Herd hätte der Profi Salz, Öle und Essig aufgestellt. Viele Profiköche haben einen feststehenden Aufbau ihres Arbeitsplatzes. Der ist heilig, denn er garantiert den sicheren, schnellen Ablauf des Kochens.

Die Abfolge ist: Spüle, Schneidebrett, Herd – in der Reihenfolge von links nach rechts, »weil wir auch so schreiben«. Unter dem Schneidebrett liegt ein feuchtes Tuch. Denn nichts darf rutschen, nichts herunterfallen. Salz, Essig und Öl stehen in unmittelbarer Nähe.

Fehlen noch die Werkzeuge. Man braucht keine teuren Luxusgeräte; die einfachen Utensilien, die zu Hause in der Küche stehen, reichen völlig aus.

»Man braucht einen Herd, einen Topf, eine Pfanne, ein Brett, ein Messer und wenig mehr«, sagt Duško Fiedler. »Das reicht.« Nicht die Geräte machen das Essen schmackhaft, sondern die Kombination der Zutaten und die richtigen Garzeiten.

Immer hilfreich und ganz einfach: das Kühlakku-Verfahren. Um heiße Pasten, Pürees und Gemüse zu kühlen, einfach Kühlakkus aus dem Tiefkühlfach nehmen (am besten acht Stück), auf ein Backblech legen und mit Frischhaltefolie abdecken. Die heißen Lebensmittel einfach direkt aus dem Topf darauflegen – Frischhaltefolie ist bis 100 Grad hitzebeständig. Ebenfalls mit Frischhaltefolie abdecken. Bei festen Massen, wie zum Beispiel Erbsenmus, können Sie dann eine weitere Lage Kühlakkus darüberlegen. Das schnelle Herunterkühlen ist vor allem wichtig, um die Farben der Lebensmittel zu erhalten.

Die 30 Mahlzeiten in diesem Buch sind Kombinationsvorschläge: Zu jeder Hauptzutat (zum Beispiel Spargel, Graupen oder Quarknocken) gibt es zwei Versionen der Mahlzeit. Eine schnelle Version und eine Gourmetversion. Alle Rezepte, die für die schnelle Version zubereitet werden, sind zur leichteren Orientierung mit einem Löffel gekennzeichnet, die Rezepte für die Gourmetversion mit einer Kochhaube.

Die einzelnen Rezepte der dreißig Mahlzeiten in diesem uch sind als Bestandteile eines Büffets zu verstehen. Aus diesen kann man unendlich viele neue Mahlzeiten kombinieren. Wie das geht, zeigt die Harmonieformel. Fünf einfache, kurze Regeln entführen den Hobbykoch in die Welt der Kombinationen (siehe Seite 17).

Die Minimalausrüstung für leichte Rezepte

Beim Wort genommen und aufs Minimum reduziert, enthält die Grundausrüstung acht Utensilien. Das sind:

Ein **Messer** mit einer dünnen langen Sägeklinge, mit dem im Grunde alles zerlegt werden kann, Fisch, Fleisch, Gemüse, Torten, notfalls sogar Zesten aus Orangen- und Zitronenschalen geschnitten …

Ein großer **Löffel**, eigentlich ein Vorlegelöffel, mit dem gerührt, abgeschmeckt und portioniert wird.

Ein **Bambusschaber** zum Wenden und Rühren. Für 1,50 Euro bekommt man ihn in Asialäden.

Das **Brett**, keines dieser Fitzelbretter, von denen immer alles auf den Tisch fällt, sondern eine geräumige kleine Tafel, 60 x 40 cm groß, und am besten aus Kunststoff.

Eine **Pfanne**, die 400 Grad Hitze aushält. Klar, dass sie keinen Eselsrücken als Boden hat und dass in ihr nicht geschnitten oder mit dem Löffel hineingeschlagen wird.

Ein **Topf**, der zugleich als Schüssel dienen kann. Hauptsache er ist breiter als hoch, hat einen steilen Rand und einen Deckel, am besten aus Glas. Eine Kasserolle ginge auch.

Einfaches **Backofengeschirr** – wie eine Jenaer Form – mit Deckel ist wichtig zum Garen von Gemüse im Backofen.

Der **Herd mit Backofen**; wichtig ist nicht, dass er versenkbare Knopfleisten oder einen Touchscreen, eingebaute Uhren oder Warmhaltefelder hat. Wesentlich sind zwei große Platten und eine beachtliche Hitzeleistung, am besten 3,6 bis 4 Kilowatt, was bei normalen Haushaltsherden leider selten ist.

Mit dieser Minimalausrüstung können einfache Reisgerichte, Polenta, Graupen, Gemüsepfannen oder pochierte Eier hergestellt werden. Sie bestückt den täglichen Arbeitsplatz und reicht vollkommen für das Herstellen eines einfachen, ausgewogenen Essens und die eine oder andere Kurzfassung der ausgewählten Gerichte in diesem Buch, zum Beispiel Petersilienreis mit knusprigem Feta und Rotkohlsalat (Seite 29, 41 und 42).

Die erweiterte Ausrüstung für eine schmackhafte Gemüseküche

Denn natürlich übertreibt Duško Fiedler wie jeder gute Handwerker gern, um klar zu machen, was für ihn im Zentrum steht: die Menschen zum Kochen zu bringen. Wenige Geräte am Anfang, die wirklich eingesetzt und beherrscht werden, sichern erste Erfolgserlebnisse.

Ein paar mehr Utensilien, technische Errungenschaften und Kücheneinrichtungen machen das vegetarische Kochen nicht nur bequemer, sondern auch fantasiereicher. Das muss trotzdem nicht gleich ein sündteurer Pacojet oder Konvektomat sein. Oberstes Ziel bleibt: sparsam wirtschaften. Zu dieser erweiterten Ausrüstung gehören:

Ein **weiter niedriger Topf**, am besten 26 cm im Durchmesser. Er ist für alles gut, was Röstaromen entwickeln soll. Optimal mit Glasdeckel, sodass der Garprozess nicht immer wieder unterbrochen werden muss, um das Kochgut zu kontrollieren.

Ein **enger hoher Topf**, etwa 20 cm hoch. Ihn braucht man, wenn Aromen gebündelt werden sollen, die Gemüse oder Früchte hell bleiben oder ihre Farbe nicht ändern sollen, und wenn man kleine Mengen herstellen will.

Eine **zweite Pfanne**, die ebenso beschaffen ist wie die erste und 400 Grad Hitze aushält. Sie wird schnell nötig, wenn wasserhaltige Gemüse oder Früchte gebraten werden sollen, die viel Platz brauchen.

Ein **Satz Jenaer Schüsseln** mit Deckel, sie sind beim Backen von kleinen Mengen Gemüse einfacher und beweglicher zu handhaben als das Backblech.

Ein zweites **Messer** mit breiter Klinge, das sogenannte Kochmesser, zum Schneiden von Kräutern und feinen Würfeln von Gemüsen, auch gut, um Rotkohl in sehr dünne Scheiben zu trennen.

Eine **Frittierkelle**, ein unerlässliches Gerät fürs Bereiten von Spätzle, Gnocchi, Kartoffelklößen, die mit ihr aus dem Kochwasser gehoben werden. Mit der Schaumkelle gelingt das zwar auch, doch die nimmt zu viel Flüssigkeit mit.

Eine **Winkelpalette**, mit der vorsichtig zu Handhabendes gewendet oder aus der Pfanne gehoben wird, wie gebratene Ananas oder knuspriger Feta.

Ein **Sparschäler**, mit ihm werden nicht nur Kartoffeln, sondern auch Spargel, Paprika und Auberginen geschält. Er ermöglicht fixes Arbeiten und spart Zeit – und darum geht es auch.

Ein **Zestenzieher**, fast unverzichtbar für die Gemüseküche, denn Zitronen- und Orangenzesten heben mit ihrer fruchtigen Säure den Geschmack und liefern etwas Farbe.

Ein hoher **Rührbecher** für das Bereiten von Saucen und Vinaigrettes.

Ein **Kartoffelstampfer**, möglichst massiv und ohne fragile Verbindungsstücke, denn wer Kartoffelpüree liebt, nutzt ihn oft und das mit Kraft.

Die **Moulinex**, mit mindestens 1000 Watt, einem Messbecher, Cutter- und einem Gewürzmühlenaufsatz. Wer sie hat braucht – fast – keine Küchenmaschine mehr.

Ein **Handrührgerät**, um Butter aufzuschlagen oder Eischnee zu fertigen (der sollte glatt und cremig sein, sobald sich Flocken bilden, ist er überschlagen).

Der **Zauberstab**, am besten mit auswechselbaren Messern.

Ein **Haarsieb**, um Saucen zu passieren.

Eine **Zitronenpresse**, ein einfaches Exemplar aus Kunststoff genügt.

Die Vorratskammer

Fond, Sauce, Sirup, Gewürzmischung, Paste und Püree – sechs Grundbausteine, leicht und immer wieder auf Vorrat zubereitet, bringen die Gemüseküche in die Startposition. Sie sind nicht nur ein Schlüssel für Aroma und Wohlgeschmack, sondern sie entlasten, in kleinen Portionen eingeweckt, tiefgefroren oder im Kühlschrank deponiert, das Kochen der täglichen Mahlzeit.

Gemüsefond

Ein gehaltvoller Gemüsefond liefert die Basis für Saucen, insbesondere für die Béchamelsauce, er dient als Schmoransatz für den Reis eines Risottos, macht Polenta aromatisch, ist nützlich beim Ablöschen und Garen. Ein guter Gemüsefond ist keine Resteverwertung. Drei Gemüse müssen immer dabei sein: Zwiebeln (oder Schalotten), Karotten und Knollensellerie. Die Zusammensetzung kann variieren, doch den größten Teil machen Zwiebeln aus. Je nach Saison können Lauch, Tomaten, Fenchel, Stangensellerie oder Spitzkohl dazukommen, bei der angegebenen Mengenverteilung jeweils etwa 150 g.

Zutaten: 500 g Zwiebel, 70 g Butter, 150 g Karotten, 50 g Knollensellerie, 1 TL Salz, 3 Nelken, 1 EL Pfefferkörner, 1 Prise getrockneter Thymian, 3 Lorbeerblätter

1 Zwiebeln schälen, in dünne Streifen schneiden und etwa 8 Minuten lang bei mittlerer Hitze in Butter glasig anschwitzen.
2 Karotten und Sellerie waschen, putzen, in grobe Stücke schneiden und zu den Zwiebeln geben. Mit anschwitzen, bis es im Topf buchstäblich anfängt zu »zwitschern«, 3 Liter Wasser hinzugeben, bis das Gemüse bedeckt ist und mit Salz, Nelken, Pfefferkörnern, Lorbeerblättern und Thymian würzen. Das Ganze einmal richtig aufwallen lassen, dann die Hitze reduzieren und den Fond 15 Minuten köcheln lassen. Abschließend durch ein Haarsieb in einen weiteren Topf passieren, nochmal aufkochen. Durch die Trübstoffe der Butter sieht ein Gemüsefond nicht klar aus. Wollte man ihn klar haben, zum Beispiel für ein Gelee, müsste man auf die Butter verzichten.
3 In ein Schraub- oder Weckglas umfüllen, heiß verschließen, abkühlen lassen und in den Kühlschrank stellen. Der Gemüsefond hält sich 7 Tage. In Gefrierbeuteln tiefgefroren bis zu 4 Wochen.

Leichte Béchamelsauce

Sie wird auch weiße Sauce genannt und gehört zu den vier Muttersaucen der französischen Küche. Viele Köche halten sich noch heute im Wesentlichen an die Anweisungen des großen Auguste Escoffier (1846 bis 1935), versetzen eine helle Mehlschwitze mit Milch, würzen mit Salz und einer mit Nelken gespickten Zwiebel und kochen die Sauce 20 Minuten. Die traditionelle Béchamelsauce ist eine gehaltvolle Sauce, früher Ausweis für den gehobenen Haushalt. Ein Mix aus Milch und Gemüsefond, wie in unserem Rezept, macht

sie schlanker. Der Zusatz von Kräutern, Pilz- und Gemüsepürees verwandelt sie in etliche Variationen.

Zutaten: 40 g Butter, 30 g Mehl, 500 ml Gemüsefond, 500 ml Milch, 3,5% Fett

1 Butter im Topf aufschäumen lassen. Mehl dazugeben und unter ständigem Rühren mit dem Schneebesen bei voller Herdleistung einen dicken, glatten Tapetenkleisterähnlichen Brei herstellen.
2 Eine Tasse kalten Gemüsefond aufgießen und solange einrühren, bis eventuelle Klumpen sich aufgelöst haben, dann immer weiter unter ständigem Rühren, und am besten neben der heißen Herdplatte, den restlichen Fond und die Milch zufügen.
3 Die jetzt noch sehr flüssige Béchamelsauce einmal aufkochen lassen, statt des Schneebesens jetzt einen Spachtel zum Rühren nehmen. Die Sauce bei kleiner Hitze 30 Minuten köcheln (eindicken) lassen. Dabei immer wieder mit dem Spachtel über den Topfboden schieben, damit nichts ansetzt. Die Béchamelsauce soll einen sanften beigefarbenen oder wollweißen Ton haben.

Eine Béchamelsauce ergibt mit

- frischem Meerrettich Meerrettichsauce, mit Schnittlauch Schnittlauchsauce, den Schnittlauch frisch vor dem Anrichten zufügen,
- mit Senf Senfsaucen, dabei Milch durch Sahne ersetzen, damit die Sauce nicht gerinnt. Außerdem den Anteil des Gemüsefonds erhöhen (750 ml Gemüsefond, 300 ml Sahne)
- Unter Zugabe von Paprikapüree (Seite 146) eine süße Variante: Für das Püree die Paprikaschoten mit dem Sparschäler schälen, waschen, klein schneiden, 10 Minuten im eigenen Dampf mit ein paar Orangenzesten garen und pürieren.

Himbeersauce

Der Farben-Dreiklang Weiß-Grün-Rot macht die Speise appetitlich. Grün und weiß allein erinnert in der Gemüseküche zu schnell an Schonkost. Doch das Spektrum an orangefarbenen oder roten Gemüsen, beziehungsweise nützlichen Früchten ist begrenzt. Ganzjährig gibt es mittlerweile Rote Bete, Tomaten und Radicchio. Cranberrys kann man zumindest getrocknet immer bekommen, aber sie haben leicht etwas Gummiartiges. Frische Preiselbeeren und Granatäpfel sind saisonabhängig. Himbeersauce erweitert die Bandbreite und ist, nimmt man tiefgefrorene Früchte, das ganze Jahr einzusetzen. Bevorraten lassen sich nur die Früchte, die Sauce wird immer frisch zubereitet.

Zutaten: 1 TL Zucker, 100 g Himbeeren (TK)

1 Einen hellen Karamell herstellen, dazu Zucker im Topf schmelzen, ohne ihn braun werden zu lassen.
2 Die gefrorenen Himbeeren zugeben und 2 Minuten warten, bis sie angetaut sind. Nicht kochen!
3 Dann durch ein Haarsieb streichen.

Orangensirup

Er liefert eine intensive, fruchtig herbe Säure, die viele Gemüsegerichte belebt und die Zesten ersetzt, wenn Bio-Orangen nicht zu haben sind. Allerdings muss er schnell verbraucht werden; er ist begrenzt, nicht länger als 7 Tage, haltbar. Orangensirup wird nach Geschmack eingesetzt, Mengenangaben sind schlecht zu geben, da jeder Koch den Saft unterschiedlich stark eindickt.

Zutaten: 5 Orangen

1 Die Orangen entsaften, dies ergibt etwa 500 ml Saft, und ohne Zucker in 30 bis 50 Minuten zu Sirup einkochen. Das benötigt zum Ende viel Aufmerksamkeit. Je stärker der Saft durch den Fruchtzucker karamellisiert und eindickt, desto leichter brennt er an. Mit dem Kunststoffschaber rühren.
2 Den Saft, wenn er auf etwa 80 ml Sirup – der Boden ist gerade noch bedeckt – reduziert ist, in kleine Schraubgläser füllen oder, noch besser, vakuumieren. Gekühlt im Glas hält er 7 Tage, vakuumiert ein paar Wochen.

Gewürzmischungen

Das Geheimnis der schmackhaften Gemüseküche sind – neben dem Garen auf den Punkt und der richtigen schnellen Hitze, man kann es nicht oft genug betonen – die Gewürzmischungen. Sie bestehen aus Hartgewürzen wie Nelken, Pfeffer, Kümmel, Koriander, Fenchel, Anis, deren Aromastoffe (die ätherischen Öle) erst durch Rösten vollends aufgeschlossen werden. Und solchen Gewürzen wie Zimtstangen, Muskatblüten oder Lorbeerblätter, die nur zermahlen oder nach dem Kochen wieder entnommen werden.
Geröstet wird in einer trockenen Pfanne (aus Teflon oder Gusseisen). Die Pfanne warm werden lassen, Gewürze hineingeben und unter ständigem Hin- und Her-Bewegen rösten. Sie dürfen nicht verkohlen, das macht sie bitter. Anschließend mahlen. Das geht in der Moulinex mit Gewürzmahlwerk, aber auch in der Kaffeemühle. Gemahlene Gewürze, auch Mischungen, immer in gut verschließbaren Behältern aufbewahren. Nur kleine Mengen auf Vorrat herstellen, denn sie halten ihr Aroma nicht länger als einen Monat.

Gemahlene Gewürze werden in der Regel direkt vor dem Anrichten hinzugefügt.

Duško Fiedler verwendet in seinen Rezepten vor allem diese drei Gewürzmischungen:

Kräftig 3 EL schwarzer Pfeffer, 2 EL Kümmel, 1 EL Koriander. Körner in der trockenen heißen Pfanne rösten, anschließend mahlen.
Stärkt, was kein starkes Eigenaroma hat und kräftiger schmecken soll, wie Zucchini, Aubergine, Karotten, Blumenkohl, Rosenkohl und Kartoffelpüree, aber auch Johannisbeeren und Erdbeeren, deren Süße durch den Mix hervorgehoben wird.

Schwer duftend 4 EL Wacholderkörner, 2 EL Kümmelsamen, 4 Nelken, ½ TL getrockneter Thymian.
Körner, Samen und Nelken rösten und mahlen, Thymian hinzufügen. Würzt vielerlei Kohl, zum Beispiel Rosenkohl, Weißkohl, Spitzkohl, Wirsing, Rotkohl.

Fein ½ schwarze Kardamomkapsel, 1 ½ EL Kreuzkümmelsamen, 1 Muskatblüte, 1 TL Fenchelsamen, 1 Prise Ceylon-Zimt gemahlen. Körner, Samen und Kapseln rösten, anschließend mahlen, dann den Zimt hinzufügen.
Würzt Süßkartoffel-Senfsauce, Rotkohlsalat, gebratene Auberginen, Curry-Weißkohl, Rote Bete, Karottenpüree.

Pasten und Pürees

Sie liefern Süße, Frische, Schärfe und die nötige intensive Fülle, wenn ein Geschmack zu flach bleibt. Pasten und Pürees sind für die Gemüseküche unverzichtbar. Sie schaffen – zusammen mit Kräutern und Gewürzen – Vielfalt. Insbesondere die Olivenpaste dient als Aromaverstärker.

Olivenpüree

Zutaten: 100 g grüne Oliven, Abrieb von 1 Limone, 1 TL Kapern, 1 Msp. Senf, 1 Prise kräftige Gewürzmischung, 1 EL Sonnenblumenöl

1 Oliven entsteinen, mit allen Zutaten in einen Rührbecher geben und mit dem Zauberstab pürieren.

2 In ein Schraubglas füllen, dann mit etwas Öl bedecken. Das Olivenpüree ist im Kühlschrank gut 2 Wochen haltbar.

Anwendung
Das Püree liefert kräftigen und säuerlichen Geschmack für:
- **Bohnenragout,**
- **Kartoffelpüree,**
- **Polenta, wenn man die Paste in die gequollene Masse gibt, bevor sie auf das Blech gestrichen wird,**
- **die Tomaten-Avocado-Füllung im Pfannkuchen,**
- **gebackenen Blumenkohl**
- **gedünstete Karotten**
- **geschmorte Paprika**
- **gebratene Tomaten, die zum Beispiel Kartoffelrösti begleiten.**

»Diese Basics in der Vorratskammer machen das Leben leichter!«

Peperonipüree

Zutaten: 100 g milde grüne Peperoni, 1 EL Sonnenblumenöl, 1 Prise Salz

1 Peperoni der Länge nach halbieren, entkernen, putzen, klein schneiden und im Cutter mit dem Öl fein pürieren. Danach in einem kleinen heißen Topf 1 Minute lang bei hoher Hitze unter ständigem Rühren anschwitzen, salzen und abkühlen lassen.
2 In ein Schraubglas füllen, mit etwas Öl bedecken. Das Peperonipüree ist im Kühlschrank 2 Wochen haltbar.

Anwendung
Das Püree liefert milde, süße und frische Schärfe, die abschließend zugegeben wird, für:
- **Petersilienreis,**
- **karamellisierte Pfirsiche,**
- **gebratenen Römersalat,**
- **Gnocchi,**
- **Quarknocken, bei denen man das Püree statt der Chiliflocken in den Teig arbeitet.**

Tipp Das schnelle Abkühlen auf Kühlakkus garantiert ein leuchtendes Grün.

»Kräuter, Gemüse und die Basics – schon geht's los!«

Weißes Zwiebelpüree

Zutaten: 500 g Zwiebeln, 6 EL Sonnenblumenöl, 1 Prise Salz, 1 Spritzer Essigessenz oder 2 EL weißer Balsamicoessig

1 Zwiebeln schälen und klein schneiden und bei hoher Hitze mit 4 EL Öl so anschwitzen, dass sie nicht braun (ein paar braune Stellen werden sich zeigen), aber glasig werden. Das heißt, ein bisschen probieren und die Hitze richtig justieren: Zu viel bräunt die Zwiebeln. Ist es zu wenig, schmecken sie muffig.

2 Vorsichtig salzen. Essigessenz hinzugeben und das Ganze etwa 10 Minuten bei kleiner Hitze im eigenen Saft schmoren. Gar sind sie, wenn sich die Stücke zwischen Daumen und Zeigefinger zusammendrücken lassen. Pürieren. Zwiebelpüree soll weiß sein und süß schmecken.

3 Abkühlen lassen oder auf Kühlakkus abkühlen, in ein Schraubglas füllen, mit dem restlichen Öl bedecken. Das Zwiebelpüree ist im Kühlschrank 2 Wochen haltbar.

Anwendung
Das Zwiebelpüree passt auch zu:
- Grünen Bohnen,
- Dressing eines Feldsalats mit Radicchio,
- Brotaufstrich, zusammen mit Schnittlauch, Sauerampfer oder Gartenkresse vermengt.
- **Außerdem kann Zwiebelpüree beim Ansetzen einer Polenta den Gemüsefond ersetzen (man nimmt: auf 1 ¾ l Wasser 200 g Zwiebelpüree, ½ TL kräftige Gewürzmischung aus schwarzem Pfeffer, Kümmel und Koriander, siehe Seite 32).**

Tipp Wenn Sie für ein Rezept Zwiebelpüree benötigen und gerade keines vorrätig haben, können Sie die Menge Zwiebelpüree durch die doppelte Menge Zwiebeln ersetzen (zum Beispiel 50 g Zwiebelpüree durch 100 g Zwiebeln), die Sie schälen, fein schneiden und in etwas Öl glasig anschwitzen. 10 g Zwiebelpüree entsprechen etwa 1 EL.

Ingwerpüree

Zutaten: 200 g Ingwer, 1 Prise Salz, 4 EL Sonnenblumenöl

1 Ingwer waschen, schälen und die Schalen mit Wasser bedeckt 10 Minuten köcheln lassen.

2 Ingwerfleisch in feine Stücke schneiden und in Öl in einer Pfanne etwa 30 Minuten braten, dabei immer wieder mit dem Ingwersud ablöschen.

3 Nach 30 Minuten Garprobe machen: Der Ingwer sollte sich zwischen Daumen und Zeigefinger leicht zusammendrücken lassen. Zu einem hellen Brei pürieren.

4 Noch heiß in ein Glas füllen, mit dem Öl bedecken. Das Ingwerpüree ist im Kühlschrank 2 Wochen haltbar.

Anwendung
Das Püree liefert scharfe und fruchtige Würze für:
- Bohnenfrikadellen,
- Karottenpüree,
- Paprika-Béchamelsauce,
- Graupen-Sellerie-Risotto,
- gebratene Ananas,
- Curry-Weißkohl.

Knallgrüner Basmati mit knusprigem Feta und Aubergine

Die beiden Mahlzeiten im Überblick

Knallgrüner Basmati mit knusprigem Feta und Aubergine

Zwei wunderbare Varianten rund um den grasgrünen Basmatireis. Dieses Gericht eignet sich beispielhaft um die Harmonieformel im Detail zu erklären, da die Regeln hier in allen Punkten eingehalten werden. Es gibt eine Fülle von Farben: Dunkelrot, Orange, Grün und Braun. Die Texturen sind im Einklang: Feta ist knusprig, Reis körnig, Auberginen und Pfirsich weich. Ein Keks, der die feste Textur unterstützt, ist somit das Bonbon im Gericht.

Die Kombinationen

Die schnelle Version
Petersilienreis, gebratene Auberginen, knuspriger Feta mit Petersilienpesto (Seite 39), Tomaten-Avocadodip

Das Aromenmuster: würzig, süßlich, mild

Den Kontrast zur Harmonie bilden: der Dill aus der Kräuterpaste sowie Kreuzkümmel und Zimt

Der Keks dazu: Orangen- oder Zitronenkeks

Eine weitere Kombinationsmöglichkeit: Petersilienreis, Quarknocken (Seite 121), goldgelbe Champignons (Seite 88), gebratene Gurkenwürfel (Seite 89), warme Orangenvinaigrette (Seite 116)

Die Gourmetversion
Petersilienreis, gebratene Auberginen mit Minze, knuspriger Feta, karamellisierter Pfirsich, Tomaten-Avocadodip, Rotkohlsalat

Das Aromenmuster: würzig, süßlich, kräftig

Den Kontrast zur Harmonie bilden: Minze, Kreuzkümmel und Zimt

Der Keks dazu: Orangen- oder Zitronenkeks

Das lässt sich vorbereiten: Petersilienreis und Rotkohlsalat (für die Gourmetversion) können Sie schon am Vortag zubereiten.

Petersilienreis

Zubereitungszeit: 20 Minuten Vorbereitungszeit + 20 Minuten Garzeit

Zutaten:

Für das Petersilienpesto: 100 g Petersilie, 2 EL Sonnenblumenöl, Abrieb von ½ Zitrone, Abrieb von ½ Orange, 1 Prise Salz

Für den Reis: 250 g Basmatireis, ½ TL Salz, 4 EL Petersilienpesto

Für die schnelle Version: 1 TL Dill, 1 TL Estragon

1 Für das Petersilienpesto die Petersilie waschen, trocknen und zusammen mit dem Öl, dem Zitrusfruchtabrieb und dem Salz pürieren. Beiseitestellen.

2 550 ml Wasser in einen Topf geben, salzen und aufkochen lassen, den Reis hineingeben.

3 Den Reis mit geschlossenem Deckel bei mittlerer Hitze knapp unter dem Siedepunkt garen, dabei etwa alle 2 Minuten durchrühren, damit der Reis nicht ansetzt, solange bis die Körner sichtbar werden.

4 Vom Herd nehmen und etwa 10 Minuten ziehen lassen. Am Ende des Garprozesses sollte die komplette Flüssigkeit aufgesogen sein. Den gequollenen Reis gründlich durchrühren.

5 Zum Schluss 4 EL Petersilienpesto unter den Reis rühren.

Für die schnelle Version: Den fein geschnittenen Dill und den fein geschnittenen Estragon unter das restliche Petersilienpesto, das nicht unter den Reis gehoben wird, mischen und nochmals pürieren. Je 1 EL davon beim Anrichten auf den Feta geben und mit einigen Schnittlauchröllchen bestreuen.

Der Reis ist locker und körnig, die Kräuterpaste kompakt. Sie wird reichlich zugegeben.

Gebratene Auberginen

Zubereitungszeit: 15 Minuten
Zutaten: 1 kg Auberginen, 10 EL Sonnenblumenöl, ½ TL Salz, 4 cm Orangenzeste, 2 Msp. grober Senf, 1 Prise Ceylon-Zimt, 2 Prisen feine Gewürzmischung (Seite 32), 2 EL weißer Balsamicoessig, 1 Prise Zucker
Für die schnelle Version: die 1½-fache Menge des Rezeptes, 1 TL Dill, geschnitten, 1 EL Estragon, geschnitten

1 Auberginen waschen und in 1 x 1 cm große Würfel schneiden.

2 Die Hälfte des Auberginenfleisches locker in die trockene, heiße Pfanne legen, sodass vom Boden recht viel sichtbar bleibt.

3 4 EL Öl dazugeben und bei voller Herdleistung braten. Wenn die Stücke gut gebräunt sind, salzen und schwenken und 1 EL Öl in die Mitte geben.

4 Die Hälfte der Gewürze auf das Auberginenfleisch geben, nach kurzer Zeit alles miteinander vermengen, schwenken und mit Essig ablöschen. Zucker zugeben, erneut schwenken und aus der Pfanne nehmen. Die gebratenen Stücke auf einem mit Papier ausgelegten Backblech locker verteilt auskühlen und durchziehen lassen, während die zweite Hälfte der Auberginen gebraten wird.

5 Vor dem Anrichten erhitzen und für **die schnelle Version** Dill und Estragon einschwenken.

Für die Gourmet-Version: Verwenden Sie statt der feinen Gewürzmischung die kräftige (Seite 32) und ersetzen Sie die Orangenzeste und den Senf durch ½ TL getrockneten Thymian. Zum Schluss werden 12 frische Minzblättchen über die Auberginen gegeben.

Schnitttechnik Der Aubergine erst einen Fuß schneiden, dann in Scheiben trennen, daraus Streifen machen und zum Schluss würfeln.

Gebratene Auberginenwürfel sollen fest sein. Das gelingt, wenn Fett sparsam eingesetzt wird. Möglich ist es, die Auberginen zu schälen und Schale und Fleisch zeitversetzt zu braten.

Tomaten-Avocadodip

Zubereitungszeit: 10 Minuten
Zutaten: 50 g Zwiebeln, 1 EL Sonnenblumenöl, 250 g kleine bis mittelgroße Tomaten, Salz, 2 TL Zucker, 2 EL weißer Balsamicoessig, ½ Avocado, Saft von 2 Limonen, 1 TL grober Senf, 1 Msp. Kurkuma, 1 TL getrockneter Majoran, 1 Msp. getrockneter Thymian, 1 Msp. kräftige Gewürzmischung (Seite 32), 1 Msp. Chiliflocken

1 Zwiebeln schälen, in dünne Streifen schneiden und mit Öl in der Pfanne glasig schwitzen. Zwiebeln in einen Rührbecher füllen. Tomaten waschen, trocknen und halbieren. Den Stielansatz entfernen.

2 Pfanne vorsichtig auswischen (kein neues Öl hineingeben), die halbierten Tomaten mit der Schnittseite nach unten in die Pfanne legen und anbraten. Etwas Salz und 1 Prise Zucker darüberstreuen, Essig zugeben.

3 Sobald die Tomaten anfangen, am Saum braun zu werden, die Herdplatte ausstellen. Avocadofleisch aus der Schale schaben, in haselnussgroße Stücke schneiden, hinzugeben und mit erwärmen.

4 Limonensaft zu den Zwiebeln in den Rührbecher geben. 1 Prise Salz, 1 TL Zucker, Senf und die Gewürze hinzufügen, zum Schluss die angebratenen Tomaten und das Avocadofleisch. Pfanne mit 1 EL Wasser ablöschen und dieses ebenfalls zugeben. Die Zwiebel-Tomaten-Avocado-Mischung mit dem Pürierstab pürieren.

Knuspriger Feta

Zubereitungszeit: 10 Minuten
Zutaten: 400 g Feta, Mehl zum Bestäuben, 4 EL Sonnenblumenöl

1 Den Käse mit einem dünnen und scharfen Messer in 4 gleich große Rechtecke teilen und auf je einer Seite sehr dünn mit Mehl bestäuben. Das Öl in einer großen Pfanne erhitzen.

2 Den Feta mit der mehligen Seite nach unten in das heiße Öl legen und so lange braten, bis er an den Seiten braun wird. Dann die Herdplatte ausschalten. Pfanne auf der Platte stehen lassen. Es dauert etwa 6 Minuten, bis der Käse kross ist. Vorsichtig herausheben. Feta lässt sich nur von einer Seite braten, da er sonst auseinanderfällt.

Tipp Einen Holzlöffel ins Öl setzen, wenn an seinem Rand Bläschen entstehen, ist die Temperatur richtig.

Gebratenen Feta mit der Winkelpalette aus der Pfanne heben. Nur sie lässt die krosse Schicht unverletzt.

Karamellisierter Pfirsich

Zubereitungszeit: 10 Minuten
Zutaten: 2 Pfirsiche, 2 EL Sonnenblumenöl, 2 Prisen Salz, 4 TL Zucker, 2 TL Butter, 2 EL weißer Balsamicoessig

1 Pfirsiche waschen, halbieren, den Kern entfernen und in feine, streichholzdicke Scheiben schneiden.

2 Pfanne stark erhitzen. Die Scheiben der Pfirsiche dachziegelartig in die trockene heiße Pfanne legen. 1 EL Öl und 1 Prise Salz zugeben, dann 2 TL Zucker gut verteilt über die Scheiben streuen.

3 Warten, bis die Pfirsichscheiben anfangen sich zu bräunen (das bedeutet auch die Pfirsichscheiben nehmen Farbe an), dabei niemals die Pfanne von der Herdplatte nehmen. Die Scheiben haften leicht an der Pfanne und lösen sich bei Zugabe der weiteren Zutaten.

4 Sobald sich braune Stellen zeigen, mit 1 EL Essig ablöschen, 1 TL Butter zugeben, schmelzen und 4 Minuten ziehen lassen.

Rotkohlsalat

Zubereitungszeit: 20 Minuten am Vortag
Zutaten:
Für die orientalische Gewürzmischung: ½ TL Kreuzkümmelsamen, 6 Fenchelsamen, 6 Koriandersamen, 1 Nelke, 4 Pimentkörner, ½ Kapsel schwarzer Kardamom, ½ gestrichener TL gemahlener Ingwer, 1 Msp. Ceylon-Zimt
Für den Salat: 400 g Rotkohl, 1 TL Zucker, 1 Msp. Salz, 125 ml Apfelsaft, 2 EL Tafelessig oder 1 Spritzer Essigessenz, 2 EL Sonnenblumenöl, 2 EL mildes Olivenöl, etwa 4 cm Zitronenzeste, etwa 4 cm Orangenzeste

1 Für die Gewürzmischung: Hartgewürze rösten und mahlen, Ingwer und Zimt hinzufügen und untermischen.

2 Für den Salat den Kohl in sehr dünne Streifen schneiden, ohne Strünke und Rippen, und in eine enge hohe Schüssel geben, die zum Kneten geeignet ist. Ein Viertel der Gewürzmischung, Zucker, Salz, Apfelsaft und Essig zugeben.

3 Den gewürzten Kohl kneten, bis er im eigenen Saft steht. Das dauert etwa 10 Minuten. Beiderlei Öl, Zitronen- und Orangenzesten zugeben, und bei Bedarf mit weiteren Prisen der Gewürzmischung abschmecken. Es soll kräftig süßlich schmecken, mit einem erkennbaren Hauch von Kreuzkümmel und Zimt. In ein verschließbares Gefäß umfüllen und über Nacht im Kühlschrank ziehen lassen.

Obst karamellisieren gelingt nur mit festen Früchten. Vollreife Pfirsiche verbrennen und werden matschig.

Die Gourmetversion Feta und Pfirsich blieben simple Zutaten, lägen sie nur flach auf dem Teller. Der Reis mit Pesto und die Auberginen bilden eine Art Eselsrücken, auf dem beide empor gehoben sind. Wichtig: Das Rotkraut als Krönchen obenauf trocken anrichten.

»Der Pfiff: das Knackige und das Cremige!«

Erdige Graupen treffen Ananas mit Majoran

Die beiden Mahlzeiten im Überblick

Erdige Graupen treffen Ananas mit Majoran

Das Wort Graupen erinnert an Großeltern – viel schöner und für Kinder ansprechender ist die Bezeichnung »kleiner Reis«. Und auf einmal schmecken die unscheinbaren kleinen Dinger, die eigentlich einen schöner klingenden Namen verdient hätten. Umso mehr macht es Spaß, ihnen durch die Beilagen Farbe zu verleihen – wie hier mit Gelb, Grün, Rot und Weiß. Die Graupen sind weich und doch fest, die weichen Gemüse und die knackige Tomaten-Kräuter-Nusspaste runden das Gericht ab.

Die Kombinationen

Die schnelle Version
Graupenrisotto mit Selleriewürfeln, pochiertes Ei, Ananas-Paprikasalsa

Das Aromenmuster: würzig, kräftig

Den Kontrast zur Harmonie bilden: Majoran und Wacholder

Der Keks dazu: Schokoladen-Orangenkeks

Eine weitere Kombinationsmöglichkeit: Graupenrisotto, Rote Bete aus dem Ofen (Seite 99), Kartoffel-Senfsauce (Seite 98), Tomaten-Backapfel (Seite 100)

Die Gourmetversion
Graupen-Sellerierisotto, karamellisierte Ananas mit Majoran, Kräutersaitlinge, Paprikawürfel, Tomaten-Kräuter-Nusspaste

Das Aromenmuster: würzig, süßlich

Den Kontrast zur Harmonie bildet: der Majoran

Der Keks dazu: Schokoladen-Orangenkeks

Das lässt sich vorbereiten: Das Graupenrisotto und die Tomaten-Kräuter-Nusspaste lassen sich schon am Vortag herstellen.

Graupenrisotto

Zubereitungszeit: 40 Minuten

Zutaten:

Für das Risotto: 350 g Graupen, 1 EL Sonnenblumenöl, 1 Lorbeerblatt, 2 Prisen Salz, 880 ml Gemüsefond, 1 Prise getrockneter Thymian, 2 Prisen Chiliflocken, 3 EL mildes Olivenöl

Für die schnelle Version: 1 TL Olivenpüree (Seite 32)

1 Die Graupen in einem Topf mit dem Öl und dem Lorbeerblatt sowie dem Salz bei mittlerer Hitze erwärmen. Mit 780 ml Gemüsefond ablöschen und unter ständigem Rühren aufkochen.

2 Wenn das Verhältnis der Graupen zur Flüssigkeit 1:1 ist und das Graupenkorn einen harten inneren Kern hat, die Herdplatte ausschalten und die Graupen bei geschlossenem Deckel etwa 5 Minuten quellen lassen. Das Graupenkorn sollte nun bissfest sein.

3 Mit dem restlichen Gemüsefond noch einmal aufkochen, würzen und das Olivenöl unterrühren. Das Risotto ist sehr cremig und das Korn weich.

Für die schnelle Version das Olivenpüree kurz vor dem Anrichten unter das Risotto rühren.

Für die Gourmetversion: Die gebratenen Selleriewürfel werden vor dem Servieren vorsichtig unter das Risotto gehoben.

Selleriewürfel

Zubereitungszeit: 50 Minuten

Zutaten:

Für die schnelle Version: 700 g Knollensellerie, 4 EL Sonnenblumenöl, 4 EL weißer Balsamicoessig, ½ TL Salz, 4 Prisen getrockneter Thymian, 4 Msp. kräftige Gewürzmischung (Seite 32)

Für die Gourmetversion: 400 g Knollensellerie, 2 EL Sonnenblumenöl, 2 EL weißer Balsamicoessig, 2 Msp. Salz, 3 Prisen getrockneter Thymian, 2 Msp. kräftige Gewürzmischung (Seite 32)

1 Den Sellerie schälen und in 1 x 1 cm große Würfel schneiden.

2 Eine Pfanne heiß werden lassen, Selleriewürfel in die trockene Pfanne legen, sodass der Boden komplett bedeckt ist. Sobald der Sellerie in der Pfanne zu zischeln beginnt, das Öl zugeben und gelegentlich schwenken.

3 Etwa 10 Minuten braten, bis die Würfel einen braunen Saum bekommen und leicht bissfest sind. Mit Essig, Salz, Thymian und Gewürzmischung abschmecken.

4 Für **die Gourmetversion** die Selleriewürfel unter das Risotto heben, nochmals erhitzen und sofort anrichten.

Graupen, groß wie Reiskörner, geben dem Gericht die richtige Struktur. Zugaben von Öl und Gemüsefond bringen sie auf die gewünschte cremige Konsistenz.

Ananas-Paprikasalsa

Zubereitungszeit: 20 Minuten
Zutaten: ¼ Ananas, 2 rote Paprika, 2 EL Sonnenblumenöl, 2 Msp. Zucker, 2 TL weißer Balsamicoessig, ½ TL Peperonipüree (Seite 34), Abrieb und Saft von 2 Limonen, 1 Prise mildes Curry, 1 Prise Kurkuma, 2 Prisen Salz, 1 Prise feine Gewürzmischung (Seite 32), 1 kleine Prise kräftige Gewürzmischung (Seite 32), 3 EL kräftiges Olivenöl, 1 EL Liebstöckelblätter, geschnitten

1 Ananas schälen, vierteln, den Strunk rausschneiden und in 2 x 2 cm große Würfel schneiden. Die Paprika mit dem Sparschäler dünn schälen, halbieren, Kerne entfernen und ebenfalls in 2 x 2 cm große Würfel schneiden. Einen Teller mit Frischhaltefolie bedecken.

2 Bei voller Herdleistung die Pfanne stark erhitzen. Die Ananaswürfel hineingeben. Sobald die Feuchtigkeit verdampft ist und es anfängt zu zischen, 1 EL Sonnenblumenöl, 1 Msp. Zucker und 1 TL Essig zugeben. Die Fruchtwürfel sind gar, wenn sie fest sind und karamellisiert glänzen. Anschließend auf den vorbereiteten Teller geben.

3 Die Paprika wie die Ananas anbraten. Bevor sich bei der Paprika ein karamellartiger Glanz bildet, Ananas, Peperonipüree, Limonenschale und -saft sowie die Gewürze in die Pfanne geben.

4 Die Pfanne vom Herd nehmen und das Olivenöl unter Rühren einarbeiten. Den frisch geschnittenen Liebstöckel in den warmen Fond geben und sofort anrichten.

Tipp Die Ananas sind fertig, wenn sie einen brauen Saum bekommen. Wie stark der sich auf der Unterseite ausdehnt, demonstrieren die umgedrehten Scheiben.

Pochiertes Ei

Zubereitungszeit: 10 Minuten
Zutaten: 1 TL Salz, 2 EL Tafelessig, 8 Eier, 2 Msp. schwer duftende Gewürzmischung (Seite 32), 12 frische Majoranblättchen

1 In einem Topf 1 ½ l Wasser mit Salz und Essig zum Kochen bringen. Die Eier einzeln aufschlagen und unbeschädigt in eine Kelle gleiten lassen. Wenn das Wasser knapp unter dem Siedepunkt kocht, die einzelnen Eier vorsichtig von der Kelle ins Wasser gleiten lassen.

2 Nach etwa 4 Minuten ist der Dotter am Rand gestockt und im Inneren noch weich. Die Eier mit einer Schaumkelle aus dem Wasser nehmen und kurz über einem Baumwolltuch abtropfen lassen und anrichten.

3 Beim Anrichten je einen Hauch schwer duftende Gewürzmischung und 3 Majoranblätter auf jedes Ei geben.

Ananas karamellisieren. Richtig ist, wenn sie einen braunen Saum zeigt.

Karamellisierte Ananas

Zubereitungszeit: 15 Minuten
Zutaten: ¼ Ananas, 2 EL Sonnenblumenöl, 2 TL Zucker, Salz, 1 Prise Chiliflocken, 2 EL weißer Balsamicoessig, 1 Prise getrockneter Thymian, 1 TL Butter, 1 Prise gemahlene Korianderkörner, 1 Prise gemahlene Nelken, 1 Prise gemahlener Kümmel, 2 EL Olivenöl, 20 frische Majoranblätter

1 Ananas schälen, vierteln, Strunk entfernen und in feine, nicht viel mehr als streichholzdicke Scheiben schneiden. Die Herdplatte auf volle Leistung stellen. Die Fruchtscheiben in die kalte Pfanne legen. Sonnenblumenöl, Zucker, Salz und Chiliflocken zugeben und braten, bis am äußeren Rand der Ananas ein brauner Saum entsteht.

2 Mit Essig ablöschen und die Butter hinzufügen. Die restlichen Gewürze über die Ananas streuen und den Herd ausschalten. Die Pfanne vom Herd nehmen und die Ananas mit Olivenöl aromatisieren.

3 Die Ananas zum Anrichten erwärmen, auf den Teller legen und den Ananasfond aus der Pfanne darüber verteilen.

Kräutersaitlinge

Zubereitungszeit: 10 Minuten
Zutaten: 1 kg Kräutersaitlinge, 6 EL Sonnenblumenöl, 2 EL Butter, ½ TL Salz, 2 Msp. kräftige Gewürzmischung (Seite 32), 2 Msp. Chiliflocken, 2 Msp. getrockneter Thymian, 1 TL Limonensaft

1 Die Kräutersaitlinge von anhaftender Erde befreien. Alle auf die gleiche Länge schneiden, damit sie gleichzeitig gar werden.

2 Beim Braten (grundsätzlich volle Herdleistung) gleichzeitig in Partien arbeiten. Dazu zwei Pfannen trocken erhitzen und Pilze mit der Schnittfläche nach unten hineinlegen. Nur so viele einfüllen, dass der Boden gut zu sehen ist. Wenn der Saum beginnt, braun zu werden, 2 EL Öl zugeben und die Pilze schwenken. Die Saitlinge sollten glasig, aber noch fest sein und an einer Seite einen braunen Saum haben.

3 Mit Butter, Salz und Gewürzen abschmecken. Zum Anrichten den Limonensaft hinzufügen.

Kräutersaitlinge und andere Pilze in einheitlicher Schnittgröße braten, nur so garen sie gleichmäßig. Andernfalls sind kleine Stücke schon verbrannt, während große noch weich sind.

Tomaten-Kräuter-Nusspaste

Zubereitungszeit: 10 Minuten + 60 Minuten Abkühlzeit
Zutaten: 40 g Cashewkerne, 1 Prise Salz, 40 g getrocknete Tomaten, ½ TL frischer Meerrettich, 1 EL Sonnenblumenöl, 3 grüne, entsteinte Oliven, 25 g Basilikumblätter, 10 g glatte Petersilie, 2 g Dillspitzen, Zesten von ½ Zitrone, 1 Msp. kräftige Gewürzmischung (Seite 32), 1 Msp. gemahlener Kreuzkümmel, 1 TL grober Senf

1 Cashewkerne in einer trockenen beschichteten Pfanne rösten, bis sie braun sind. Leicht salzen und grob hacken. Gut auskühlen lassen, die Kerne dürfen keine Restwärme haben.

2 Die Tomaten mit ganz fein schneiden und mit den gehackten Cashewkernen vermengen. Den Meerrettich schälen und fein reiben.

3 Öl, Oliven, Kräuter, Zitronenzesten, Gewürze und Senf kurz pürieren, mit den Cashewkernen, den Tomaten und dem Meerrettich vermengen.

Alternativen Angegeben ist eine milde Variante, bei der auch Kinder mitessen können. Sollten nur Erwachsene am Tisch sitzen, lassen sich Meerrettich- und Senfanteil erhöhen.

Passt auch zu Die Beilage kann unter Reis gemengt werden, als Aufstrich für ein selbst gebackenes Brot dienen, als Beilage zu gebratenem Feta oder gebratener Polenta.

Vorratshaltung Die Paste hält gekühlt in einem Schraubglas mit etwas Öl bedeckt gute 2 Wochen.

Paprikawürfel

Zubereitungszeit: 15 Minuten
Zutaten: 2 rote Paprika, 2 EL Sonnenblumenöl, 1 EL weißer Balsamicoessig, 1 Msp. kräftige Gewürzmischung (Seite 32), 1 Prise getrockneter Thymian, 1 Prise Chiliflocken

1 Paprika mit einem Sparschäler schälen. Oben und unten die Kappen abschneiden, Paprika halbieren und die Kerne entfernen. Das Fruchtfleisch in 2 x 2 cm große Würfel schneiden.

2 Pfanne bei voller Hitze erwärmen, die Paprikawürfel in die trockene heiße Pfanne geben und das Öl hinzufügen. Sobald ein dumpfes Geräusch zu hören ist, die Pfanne schwenken.

3 Den Herd ausschalten und die Pfanne noch 5 Minuten auf dem Herd stehen lassen. Abschließend die Gewürze zugeben.

Die Gourmetversion Graupenrisotto und ein Strauß an Aromen. Damit jede der Zutaten spielerisch mal mit der einen, mal der anderen kombiniert und probiert werden kann, ist jedes Element einzeln sichtbar platziert. Die Graupen mit der Kräuterpaste auf der einen, Ananas, Paprika und Pilze auf der anderen Tellerseite.

»Ananas- und Paprikafond sind der Schlüssel dieses Gerichts!«

Klassisch raffiniert: himmlische Semmelknödel mit Curry

Die beiden Mahlzeiten im Überblick

Klassisch raffiniert: himmlische Semmelknödel mit Curry

Semmelnknödeln, sagte Karl Valentin – wir belassen es bei Semmelknödel und freuen uns auf eine leckere Verwendung unseres selbst gebackenen Brotes. Semmelknödel, man sollte es kaum glauben, schmecken mit einem kleinen Anteil dunklen Sauerteigbrotes noch eine Spur interessanter. Der Semmelknödel und die Sauce sind hellbraun, begleitet von grünem Lauch und roten Berberitzen. Die Gourmetversion toppt das Ganze durch Rot, Gelb und Weiß. Die Textur erfordert in der Gourmetversion einen Keks »zum Krachen«, dies übernimmt in der schnellen Variante die Erdnuss.

Die Kombinationen

Die schnelle Version
Semmelknödel mit Erdnuss, Frühlingszwiebeln mit Curry und Berberitzen, Champignonsauce

Das Aromenmuster: würzig, mild

Den Kontrast zur Harmonie bilden: Estragon und Curry

Der Keks dazu: Erdnusskeks

Eine weitere Kombinationsmöglichkeit: Semmelknödel, Rote Bete aus dem Ofen (Seite 99), Kerbelsauce (Seite 98), karamellisierte Bananen (Seite 114)

Die Gourmetversion
Semmelknödel, Curry-Weißkohl, Kürbis aus dem Ofen, gebratener Römersalat, Béchamelsauce (Seite 30)

Das Aromenmuster: würzig, mild

Den Kontrast zur Harmonie bilden: Curry und Dill

Der Keks dazu: Kümmelkeks

Das lässt sich vorbereiten: Semmelknödel und Curry-Weißkohl (für die Gourmetversion) können Sie schon am Vortag zubereiten. Die Béchamelsauce kommt aus der Vorratskammer.

Semmelknödel

Zubereitungszeit: 60 Minuten
Zutaten: 500 g Brot*, 1 EL Zwiebelpüree (Seite 35) oder 1 Zwiebel, fein geschnitten und glasig angeschwitzt, 1 gute Prise kräftige Gewürzmischung (Seite 32), Salz, ½ TL getrockneter Thymian, 300 ml Milch, 5 Eier

1 Brot oder Brötchen in 1 x 1 cm große Würfel schneiden, das Zwiebelpüree oder die Zwiebeln, die Gewürze sowie 1 Msp. Salz unterheben, die Milch aufkochen, heiß darübergießen und bis zu 2 Stunden quellen lassen (über dem Wasserbad dauert das nur 30 Minuten). Die Eier zugeben und mit den Händen gut vermengen (die Brotstücke sollen erkennbar bleiben).

2 Reichlich Wasser in einem großen Topf zum Kochen bringen und salzen. In einer kleinen Schüssel lauwarmes Wasser bereitstellen und mit angefeuchteten Händen einen Probekloß formen. Diesen in das kochende Wasser geben, aufsteigen lassen, den Herd herunterschalten und 10 Minuten ziehen lassen.

3 Ist der Probekloß gelungen, die Klöße »abdrehen«. Das erzeugt beim Formen der Kugel – ohne Druck – einen kühlen Film auf deren Oberfläche, der sie für die ersten wichtigen Sekunden zusammenhält, wenn sie ins heiße Wasser gleiten. Aufsteigen lassen und bei mittlerer Hitze 10 Minuten ziehen lassen, dann anrichten.

4 Sollte der Probekloß zerfallen, etwas Paniermehl zugeben. Doch je mehr Paniermehl, Kartoffelstärke oder auch Mehl dem Teig beigemengt wird, desto kompakter werden die Klöße.

Für die schnelle Version 100 g ungesalzene Erdnüsse ohne Fett in einer Pfanne rösten und beim Anrichten mit 1 EL Berberitzen über den Semmelknödel geben.

Für die Gourmetversion Beim Anrichten 30 g geschnittene, glatte Petersilie über die Semmelknödel streuen.

* Brot oder Brötchen müssen knochentrocken (nicht nur altbacken, also vom Tag zuvor, sondern mehrere Tage alt) und absolut schimmelfrei sein. Damit die Brotscheiben nicht schimmeln, lagert man Brot- und Brötchenreste am besten in luftigen Behältern oder auf einem Blech. Beim Schneiden soll es ordentlich krümeln und jeder Brösel kommt mit in den Teig. (Wer knödelsüchtig ist und keine Brotreste übrig hat, nutzt den Backofen und trocknet in Würfel geschnittene Brötchen.)

Vorratshaltung Die Semmelknödel mit einem Spritzer Öl im Gefrierbeutel tieffrieren. Im Kühlschrank auftauen lassen, dann in einem Fingerbreit kochendem und gesalzenem Wasser 5 Minuten dämpfen. Alternativ in einer Pfanne anbraten.

Die Knödel bleiben beim Garen fest und rund, wenn sie eine glatte dichte Oberfläche haben. Das gelingt mit feuchten Händen. Das Kochwasser muss simmern.

Frühlingszwiebeln mit Curry und Berberitzen

Zubereitungszeit: 20 Minuten
Zutaten: 1 kg Frühlingszwiebeln, 4 EL Sonnenblumenöl, 1 EL Berberitzen, 1 TL Curry, 2 Prisen Salz, 1 Prise Zucker, 1 Prise feine Gewürzmischung (Seite 32), 1 TL mildes Olivenöl

1 Die Frühlingszwiebeln putzen, trocknen, die Wurzel abschneiden, zwischen dem weißen und dem dunkelgrünen Teil halbieren. Die dunkelgrünen Hälften in 1 cm lange Rauten schneiden.

2 Am besten in Partien arbeiten: Pro Partie eine Pfanne erhitzen, die weißen Hälften der Frühlingszwiebeln einfüllen, 2 EL Öl hinzugeben und auf höchster Stufe anbraten. Den Deckel aufsetzen und die Hitze reduzieren. Bei mittlerer Hitze mit geschlossenem Deckel und unter gelegentlichem Schwenken etwa 10 Minuten garen. Die Frühlingszwiebeln sind gar, wenn sie noch weiß und leicht bissfest sind.

3 Die Berberitzen und die dunkelgrünen Frühlingszwiebeln hinzugeben und mit geschlossenem Deckel eine weitere Minute garen.

4 Mit Curry, Salz, Zucker, Gewürzmischung und Olivenöl würzen.

Zubereitung im Backofen Wenn Sie den Herd lieber frei haben wollen, können Sie die Frühlingszwiebeln auch im Backofen zubereiten: Backofen auf 200 °C vorheizen. Die weißen Hälften auf einem tiefen Backblech mit 200 ml Wasser angießen und bei 200 °C etwa 15 Minuten garen, bis sie erste braune Flecken bekommen, aber noch weiß und weich sind. Dann die Lauchstangen beiseiteschieben, Berberitzen und die dunkelgrünen Rauten auf dem Blech verteilen und mit 50 ml Wasser angießen. Nochmals 5 Minuten bei 200 °C garen. Das Blech aus dem Ofen nehmen und die Frühlingszwiebeln mit Curry, Salz, Zucker, Gewürzmischung und Olivenöl abschmecken.

Frühlingszwiebeln garen gleichmäßig, wenn sie in gleich große Stücke geschnitten werden. Berberitzen und Estragon würzen die Sauce.

Express-Champignonsauce

Zubereitungszeit: 30 Minuten
Zutaten: 200 g Champignons, 1 EL Sonnenblumenöl, 1 EL Zwiebelpüree (Seite 35), 1 Msp. Tomatenmark, 250 ml Gemüsefond (Seite 30), 400 ml Béchamelsauce (Seite 30), 1 Prise Salz, 1 Msp. kräftige Gewürzmischung (Seite 32), 1 Prise getrockneter Thymian, 1 Prise Chiliflocken, 2 EL Estragon

1 Champignons putzen, dabei die anhaftende Erde mit einem trockenen Tuch abstreifen.

2 Die Pfanne auf der Herdplatte erhitzen, die Champignons direkt in die heiße trockene Pfanne vierteln. Rösten, bis ein brauner Saum entsteht. Schwenken, Sonnenblumenöl zugeben und goldgelb braten. Zwiebelpüree hinzufügen, vermengen und das Tomatenmark unterrühren.

3 125 ml Gemüsefond aufgießen und einkochen lassen. Nochmals 125 ml Gemüsefond aufgießen und einkochen lassen, bis ein brauner Sirup entsteht.

4 Mit der Béchamelsauce aufgießen und unter Rühren aufkochen. Vom Herd nehmen, pürieren, Gewürze hinzufügen und unter Rühren noch einmal aufkochen. Zum Schluss den Estragon waschen, trocknen, schneiden und unter die Sauce rühren.

Curry-Weißkohl

Zubereitungszeit: 90 Minuten
Zutaten: 600 g Weißkohl, 1 Spritzer Essigessenz, 2–4 EL Öl, 1 TL Salz, 1 gestrichener EL Zucker, ½ EL feine Gewürzmischung (Seite 32), 1 Msp. Kurkuma, 1 Msp. mildes Currypulver

1 Die äußeren Blätter und den Strunk des Kohls entfernen und den Kohl in streichholzdünne Streifen schneiden und in eine Jenaer Schüssel füllen. Essigessenz, Öl und Salz hinzufügen und mit Deckel im nicht vorgeheizten Ofen auf der untersten Schiene bei 180 °C etwa 60 Minuten backen. Den Kohl alle 20 Minuten wenden. Er ist gar, wenn er zwischen Daumen und Zeigefinger leicht gequetscht werden kann.

2 Zum Ende der Garzeit Zucker und Gewürze untermengen, sollte der Kohl zu süß werden, mit weißem Balsamicoessig gegensteuern.

Tipp Den abgeschmeckten Curry-Weißkohl mit Deckel für weitere 5 Minuten bei 200 °C nochmals backen. Wenn Sie Röstaromen mögen, für die letzten 5 Minuten den Deckel abnehmen. Das ergibt eine leichte Karamellnote.

Vorratshaltung Heiß in Tupperdosen gefüllt, dann abgekühlt (erzeugt einen ähnlichen Effekt wie beim Einkochen) und in den Kühlschrank gestellt, hält sich der Curry-Weißkohl gute 14 Tage. Er lässt sich auch hervorragend mit mittlerer Hitze und ohne Fett in einer Pfanne braten.

Pilze, Zwiebeln, Gemüsefond und Béchamelsauce ergeben eine intensive Express-Champignonsauce.

Gebratener Tomaten-Römersalat

Zubereitungszeit: 20 Minuten
Zutaten: 3 Römersalat-Herzen, 300 g Tomaten, 4 EL Sonnenblumenöl, 1 Prise Chiliflocken, 1 TL Zucker, 2 EL weißer Balsamicoessig, 2 Prisen getrockneter Thymian, ½ TL kräftige Gewürzmischung (Seite 32), 1 EL kräftiges Olivenöl

1 Die Strünke der Salatherzen abschneiden und der Länge nach vierteln, waschen, trocknen und in 1 x 1 cm große Stücke schneiden. Die Tomaten waschen, trocknen, vierteln und den Stielansatz entfernen.

2 Pfanne ohne Öl auf dem Herd erhitzen. Die Tomaten hineingeben, wenn das Bratgeräusch dumpf klingt, den Salat hinzugeben, sodass der Boden bedeckt ist. Schwenken, Gewürze und Öl zugeben.

3 Ist der Salat etwas zusammengesunken, anrichten.

Gartechnik Fürs Braten von Gemüse eine Pfanne mit hohem Rand erhitzen. Das rohe Gemüse einfüllen. Dabei auf die richtige Menge achten. Bei wasserhaltigem Gemüse und Früchten so knapp einfüllen, dass der Boden noch gut zu sehen ist, bei anderen kann die Pfanne halbvoll sein. Kurz vor dem Garwerden hört man ein zischendes Geräusch (zwitschern). Dann Öl dazugeben, salzen und braten, bis sich der Saum des Gemüses oder der Früchte bräunt. Schwenken, bei Bedarf Öl ergänzen, 1 EL ist ausreichend. Erst jetzt Kräuter und Gewürze hinzufügen.

Kürbis aus dem Ofen

Zubereitungszeit: 30 Minuten
Zutaten: 600 g Hokkaido-Kürbis, 4 EL Sonnenblumenöl, 2 EL weißer Balsamicoessig, ½ TL Salz, 1 Msp. Chiliflocken, 2 Prisen Ceylon-Zimt, 1 Msp. kräftige Gewürzmischung (Seite 32), 2 Prisen getrockneter Thymian

1 Den Kürbis gründlich waschen, halbieren und die Kerne entfernen. Dann in feine, aneinanderhängende Scheiben schneiden.

2 Den in Fächer zerteilten Kürbis in eine mit Öl gefettete Jenaer Form setzen, Essig und Salz darüberverteilen und im nicht vorgeheizten Ofen bei 180 °C 20 Minuten auf der mittleren Schiene backen. Vor dem Anrichten würzen.

Tipp Das Besondere und Praktische am Hokkaido-Kürbis ist, dass man die Schale mitessen kann. Einfach gründlich abwaschen und Kürbis mit Schale klein schneiden.

Die Gourmetversion Ein Sockel aus Weißkohl, darauf die Knödel, geschnittene Petersilie könnte sie krönen. Kürbis und Salat komplettieren das Mahl. Zu Knödeln gehört viel Béchamelsauce, genommen nach Bedarf.

»Curry-Weißkohl trifft Tradition!«

Kross gebratene Spätzle mit Steckrüben und Cranberrys

Die beiden Mahlzeiten im Überblick

Kross gebratene Spätzle mit Steckrüben und Cranberrys

Zwei interessante Varianten rund um die schwäbische Spezialität Spätzle. Mit dem Original zu vergleichen ist unmöglich, es ist eine moderne Interpretation. Dieses Gericht gleicht einem orangeroten Sonnenuntergang. Der Biss entsteht durch den Keks.

Die Kombinationen

Die schnelle Version
Spätzle, gebackene Steckrübe mit Cranberrys, Süßkartoffel-Senfsauce

Das Aromenmuster: würzig, kräftig

Den Kontrast zur Harmonie bilden: Majoran und Senf

Der Keks dazu: Kümmelkeks

Eine weitere Kombinationsmöglichkeit: Spätzle, Express-Champignonsauce (Seite 57), Kürbis aus dem Ofen (Seite 58), Tomaten-Kräuter-Nusspaste (Seite 50)

Die Gourmetversion
Spätzle, gebackene Steckrüben, gebackener Rettich, Süßkartoffel-Senfsauce, Senf-Orangenkompott mit Cranberrys

Das Aromenmuster: würzig, kräftig

Den Kontrast zur Harmonie bilden: Salbei und Senf

Der Keks dazu: Rosinenstange, Orangenkeks

Das lässt sich vorbereiten: Spätzle und Süßkartoffel-Senfsauce lassen sich am Vortag vorbereiten.

Spätzle

Zubereitungszeit: 60 Minuten
Zutaten: 500 g Mehl, Type 405, 1 EL Salz, 1 TL getrockneter Thymian, 1 TL kräftige Gewürzmischung (Seite 32), 1 Msp. Chiliflocken, 6 Eier, 150 ml Mineralwasser mit viel Kohlensäure, 2 EL Sonnenblumenöl
Für die schnelle Version: 2 EL Majoranblättchen
Für die Gourmetversion: 2 EL Butter, 12 Salbeiblättchen

1 Mehl mit dem Salz und den Gewürzen in eine große flache Schüssel geben und eine Mulde in die Mitte drücken. Alle Zutaten bis auf das Öl zugeben.

2 Mit der Hand vermengen und gut durchschlagen, bis der Teig Blasen wirft. In einem hohen Topf reichlich stark gesalzenes Wasser zum Kochen bringen. Ein sehr dünnes Brett und einen Spachtel (gut wäre eine Winkelpalette) bereitlegen. Das Brett nass machen (dies muss ständig wiederholt werden), den Teig kleinfingerdick in einer breiten Bahn aufstreichen und ins Wasser schaben. Gut geht es, wenn der Spachtel abwechselnd links, dann rechts quer gesetzt wird. Alternativ die Spätzle mit der Spätzlereibe oder -presse ins Wasser schaben.

3 Warten, bis die Spätzle kochend aufsteigen, 1 Minute knapp unter dem Siedepunkt ziehen lassen. Die fertigen Spätzle mit einer Drahtkelle aus dem Kochwasser heben.

4 Die noch feucht-nassen Spätzle zum Braten in eine heiße Pfanne geben und erst dann Öl hinzufügen, wenn keine Flüssigkeit mehr zu sehen ist. Sind die Ränder braun, mit einem Bambusschaber wenden. Wer mag, kann zum Schluss etwas Butter zugeben.

5 Für **die schnelle Version** die Majoranblättchen waschen, trocknen und über die Spätzle geben.

6 Für **die Gourmetversion** Butter in einer Pfanne aufschäumen lassen. Salbei waschen, trocknen und fein schneiden. In die Butter geben und sofort vom Herd nehmen. Die vorhandene Wärme reicht, um den Salbei kross zu braten. Anschließend auf den Spätzle anrichten.

Wenn was übrig ist/Vorrat anlegen Die Spätzle lassen sich gut 4 Wochen einfrieren. Dafür frisch zubereitete Spätzle auf einem mit Frischhaltefolie ausgelegten Backblech (dazu am besten Kühlakkus unterlegen) abkühlen lassen und mit etwas Öl in einen Gefrierbeutel geben. Vor dem Gebrauch nur leicht antauen (!) und noch fast gefroren in warmem Öl bei mittlerer Hitze und halb geschlossenem Deckel in einer Pfanne goldbraun braten.

Den Spätzleteig mit der Hand schlagen, bis er Blasen wirft und ein zähflüssiger Teig entsteht.

Gebackene Steckrübe

Zubereitungszeit: 1 Stunden
Zutaten: 800 g Steckrübe, ½ TL Salz, 2 EL weißer Balsamicoessig, 2 EL Sonnenblumenöl, 1 TL schwer duftende Gewürzmischung (Seite 32), 1 Prise Zimt, 1 Prise Chiliflocken, 2 Prisen getrockneter Thymian, 2 Prisen getrockneter Majoran, 4 EL Petersilie
Für die schnelle Version: 4 EL frische Cranberrys, ½ TL Zucker

1 Die Steckrübe schälen und, um nicht lauter gleich große Einheiten auf dem Teller zu haben, in deutlich größere Stücke als die Spätzle, also am besten kleinfingerdicke und -lange Stücke schneiden.

2 In eine große Jenaer Form legen, soweit mit Wasser auffüllen, dass die Rüben ein Drittel hoch in der Flüssigkeit stehen, dann Salz, Essig und Öl hinzugeben. Im nicht vorgeheizten Ofen bei 200 °C 40 bis 50 Minuten mit Deckel auf der untersten Schiene garen. Nach 40 Minuten Garprobe machen: Dazu mit einer Rouladennadel oder einem dünnen Messer in die Steckrübe stechen, hebt sie sich beim Herausziehen leicht an, ist sie gar. Mit der Gewürzmischung und den anderen Gewürzen würzen.

3 Sowohl für **die schnelle Version** die Cranberrys auf den Steckrüben verteilen, zuckern und so lange im Ofen lassen, bis die Cranberrys platzen (das dauert etwa 2 bis 4 Minuten).

4 Für **die schnelle** als auch **die Gourmetversion** die Petersilie waschen, trocken schütteln, fein schneiden und über die Steckrüben geben. Sofort servieren.

Tipp Wenn Sie Steckrüben und Rettich zubereiten, können Sie – während die Steckrüben im Ofen sind – den Rettich vorbereiten und nach den ersten 20 Minuten der Garzeit der Steckrüben mit in den Ofen schieben. So wird beides zeitgleich fertig.

Gemüse in der Jenaer Schüssel backen. Eine wunderbar einfache Zubereitung, die fast von allein vor sich geht. Wichtig: Gewürze immer zum Schluss zugeben.

Süßkartoffel-Senfsauce

Zubereitungszeit: 20 Minuten

Zutaten: 70 g mehligkochende Kartoffeln, 50 g Süßkartoffeln, 5 g Ingwerpüree (Seite 35), 40 g Zwiebelpüree (Seite 35), 1 gute Prise Paprika edelsüß, 1 Spritzer Essigessenz, 1 TL grober Senf, 1 Lorbeerblatt, 2 gute Prisen Salz, 1 Msp. scharfes Currypulver, 1 gute Prise feine Gewürzmischung (Seite 32), 1 Prise kräftige Gewürzmischung (Seite 32), 8 cm Zitronenzeste, 4 cm Orangenzeste, 3 EL mildes Olivenöl

1 Kartoffeln und Süßkartoffeln schälen, waschen und in 1 x 1 cm große Würfel schneiden.

2 In einem großen Topf Ingwerpüree, Zwiebelpüree, Paprikapulver, Essig, Senf und Lorbeerblatt bei großer Hitze unter Rühren 2 Sekunden anschwitzen. Die Kartoffel- und Süßkartoffelwürfel hinzufügen. Mit 300 ml Wasser aufgießen und 10 Minuten knapp unter dem Siedepunkt garen.

3 Sobald die Kartoffeln gar, d.h. weich, sind, zusammen mit den Gewürzen und den Zitrusfruchtzesten in einen hohen Becher geben und fein pürieren.

4 Nochmal in den Topf geben und bei mittlerer Hitze kurz aufwallen lassen. Vor dem Anrichten unter Rühren mit dem Pürierstab das Olivenöl tröpfchenweise unterarbeiten.

Tipp Wenn Sie kein Zwiebel- und Ingwerpüree vorrätig haben, können Sie alternativ 80 g Zwiebeln schälen und fein schneiden, etwa ½ TL Ingwer schälen und fein reiben und beides in einer heißen Pfanne mit 1 EL Sonnenblumenöl anschwitzen.

Süßkartoffeln sind wie Kartoffeln vielseitig einsetzbar. Ingwer, Orangen- und Zitronenzesten lassen eine aus beiden Knollen gefertigte Sauce frisch schmecken.

Senf-Orangenkompott

Zubereitungszeit: 15 Minuten
Zutaten: 2 Orangen, 1 EL Zucker, 1 Msp. Kurkuma, ½ TL schwarze Senfsamen, 2 EL frische Cranberrys, 1 Prise Ceylon-Zimt

1 Orangen filetieren, dazu das Fruchtfleisch mit einem dünnen Messer herausschneiden, in einen tiefen Teller legen und den Saft auffangen. Den Rest der Orangen auspressen.

2 Bei hoher Hitze den Zucker in einen kleinen Topf geben. Sobald der Zucker farblos geschmolzen ist, mit dem Orangensaft ablöschen. Kurkuma und Senfsamen dazugeben und sirupartig einkochen.

3 Die Orangenfilets und die Cranberrys hinzugeben, einige Sekunden aufwallen lassen und vom Herd nehmen, den Zimt hinzugeben.

Gebackener weißer Rettich

Zubereitungszeit: 30 Minuten
Zutaten: 400 g weißer Rettich, 2 Prisen Salz, 2 EL weißer Balsamicoessig, 1 EL Sonnenblumenöl, 20 g Dillspitzen, 2 Prisen Zucker

1 Rettich schälen, in daumenlange und -dicke Stücke schneiden, in eine mittelgroße Jenaer Form legen. Wasser auffüllen, bis die Teile zu einem Drittel in der Flüssigkeit stehen. Salz, Essig und Öl zugeben. Im vorgeheizten Ofen bei 200 °C 20 Minuten mit Deckel auf der unteren Schiene garen.

2 Abschließend die Dillspitzen waschen, trocknen, fein schneiden und zusammen mit dem Zucker einschwenken.

Tipp Wenn Sie sowohl den Rettich als auch die Steckrüben vorbereiten, schieben Sie den Rettich 20 Minuten nach den Steckrüben in den Ofen.

Gebackener Rettich soll noch weiß aussehen. Er behält die Farbe, wenn er mit Deckel gegart wird.

Die Gourmetversion Appetitlich sieht eine Spätzle-Mahlzeit aus, wenn die Nudeln erhöht angeboten werden – wie hier angerichtet auf einem Fundament aus Steckrübe und Rettich, begleitet von Kompott und Sauce. Wichtig: Die Gemüsestücke sind größer als die Spätzle, der Salbei wird nicht gehackt.

»Spätzle aus Schwaben, Cranberrys aus Amerika Orangen aus Spanien«

»Königsgemüse« Spargel – mit Früchten der Saison

Die beiden Mahlzeiten im Überblick

»Königsgemüse« Spargel – mit Früchten der Saison

Zwei exzellente Varianten rund um das altbekannte Gemüse Spargel. Das Verblüffende ist die Vielfalt der Gemüsesorten, die den Spargel unterstützen, ohne ihn von der »Königsposition« zu heben. Das perlmuttfarbene Weiß des Spargels kann gar nicht genug Farbe von anderen Zutaten erhalten, das knallige Rot der Erdbeeren und das Spinatgrün machen beide Gerichte zum Hingucker. Da die Pellkartoffeln die einzige feste Textur sind, ist ein Keks ein guter Begleiter.

Die Kombinationen

Die schnelle Version
Spargel, Pellkartoffeln, Linsen in Zitronenvinaigrette, gebratene Erdbeeren, Kräuterpesto

Das Aromenmuster: würzig, süßlich

Den Kontrast zur Harmonie bilden: Dill, Kreuzkümmel und Zimt

Der Keks dazu: Haselnuss-Mohnkeks, Orangenkeks

Eine weitere Kombinationsmöglichkeit: Spargel aus dem Ofen, Karottenpüree (Seite 82), grüner Orangendip (Seite 115), Pellkartoffeln (Seite 72)

Die Gourmetversion
Spargel, Pellkartoffeln, Erbsenpüree, Spinat, geschmorter Fenchel, gebratener Rhabarber

Das Aromenmuster: würzig, süßlich

Den Kontrast zur Harmonie bilden: Dill, Kreuzkümmel und Zimt

Der Keks dazu: Haselnuss-Mohnkeks, Orangenkeks

Das lässt sich vorbereiten: Erbsenpüree und gebratenen Rhabarber (für die Gourmetversion) können Sie schon am Vortag zubereiten.

Spargel aus dem Ofen

Zubereitungszeit: 30 Minuten
Zutaten: 1 kg gleichmäßig dicke Stangen Spargel, ½ TL Salz, 4 EL Cashewkerne, 2 Prisen Zucker, 8 cm Zitronenzeste, 1 EL Butter
Für die schnelle Version die 2-fache Menge des Rezeptes zubereiten

1 Spargel schälen, aus einer Handvoll Schalen und 200 ml Wasser einen Fond ziehen, dazu Schalen und Wasser aufkochen und 10 Minuten auf dem ausgeschalteten Herd ziehen lassen, Schalen entnehmen und den Fond salzen.

2 Während der Spargelfond zieht, den Backofen auf 200 °C vorheizen, darin die Cashewkerne rösten. Dann den Spargel in ein tiefes Backblech flach nebeneinander legen, mit dem gesalzenen Spargelfond aufgießen. Auf der untersten Schiene mit einem zweiten Blech als Deckel garen lassen. Alternativ ein in Spargelfond getränktes Backpapier über den Spargel legen, an den Seiten so andrücken, dass kein Dampf entweichen kann.

3 Die Garzeit wird je nach Stärke des Spargels unterschiedlich sein, eine erste Garprobe sollte nach 10 Minuten durchgeführt werden. Der richtige Garpunkt ist erreicht, wenn die Rouladennadel nach dem Hineinstechen und Wieder-Hochziehen die Spargelstangen ganz kurz anhebt.

4 Spargel aus dem Ofen nehmen, Zucker, Zitronenzeste und Butter hinzugeben, vorsichtig vermengen und anrichten.

Geschmorter Spargel

Zubereitungszeit: 40 Minuten
Zutaten: 1 kg Spargel, ½ TL Salz, 4 EL Sonnenblumenöl, 1 gestrichener TL Zucker, Abrieb von ½ Zitrone, 1 EL Butter

1 Spargel schälen und aus den Schalen einen Fond ziehen. Dafür die Schalen in einen weiten Topf geben, etwa 200 ml Wasser dazugeben, salzen, aufkochen, vom Herd nehmen und 20 Minuten ziehen lassen, passieren.

2 Spargel in zwei große, weite Pfannen geben, pro Pfanne 2 EL Öl hinzufügen und den Spargel anbraten, bis er erste braune Stellen bekommt. Wenden. Wenn der Spargel rundherum einen braunen Saum hat, Garprobe machen (siehe Rezept links). Sollte der Spargel noch zu fest sein, mit Fond ablöschen und weiter garen. Diesen Vorgang wiederholen, bis der Spargel gar ist. Kurz vor Ende der Garzeit Zucker, Zitronenabrieb und Butter hinzufügen und anrichten.

Beim Spargelschälen kommt es auf die Haltung an. Mit Daumen und Zeigefinger fixiert und sukzessive gedreht liegt die Stange auf der Handwurzel auf.

Pellkartoffeln

Zubereitungszeit: 30 Minuten
Zutaten: 1 kg festkochende Kartoffeln (z. B. Rosemarie, Annabelle), Salz, 1 TL Butter

1 Kartoffeln gut waschen und ohne Salz kochen. Den Garpunkt stellt man am besten mit einer Rouladennadel fest. (Gabeln und die meisten Messer sind zu dick. Wenn diese in die Kartoffel hineinfahren können, sind die Knollen schon so gut wie zerkocht.)

2 Kartoffeln nach dem Kochen pellen. Vor dem Servieren salzen und kurz in zerlassener Butter schwenken.

Kräuterpesto

Zubereitungszeit: 5 Minuten
Zutaten: 4 EL glatte Petersilie, 3 Korianderzweige, 30 Basilikumblätter, 20 g Dill, 2 EL Sonnenblumenöl, 1 TL Kapern, 1 Msp. grober Senf, 4 cm Zitronenzeste

1 Kräuter waschen, trocknen und mit den restlichen Zutaten in einem hohen Becher zu einem leuchtend grünen Pesto pürieren.

Tipp Das Pesto schmeckt frisch am besten. Bereits nach wenigen Stunden verliert es seine schöne grüne Farbe. Wird das Pesto nach der Herstellung vakuumiert, hält es Farbe und Geschmack für drei Tage.

* Die Pestos in diesem Buch werden ohne Nüsse und Käse gemacht – dadurch kommt der Geschmack der Kräuter besser zum Tragen und die Pestos sind universell einsetzbar und vielfach kombinierbar.

Gebratene Erdbeeren

Zubereitungszeit: 5 Minuten
Zutaten: 8 Erdbeeren, ½ TL Zucker, 1 Prise Salz, 1 TL weißer Balsamicoessig, 1 EL Olivenöl, 2 EL Schnittlauchröllchen

1 Eine Pfanne stark erhitzen. Die Erdbeeren waschen und auf ein trockenes Tuch geben, anschließend durch Drehen vom Stielansatz befreien und halbieren. Mit der Schnittfläche nach unten in die heiße Pfanne setzen.

2 Sofort Zucker, Salz und Essig zu den Erdbeeren in die Pfanne geben. Pfanne von der Herdplatte nehmen, das Öl unter Rühren tröpfchenweise einarbeiten. Die Schnittlauchröllchen unter die Erdbeeren schwenken und anrichten.

Linsen in Zitronenvinaigrette

Zubereitungszeit: 15 Minuten
Zutaten:
Für die Zitronenvinaigrette: Saft von 2–3 Zitronen (etwa 50 ml), Abrieb von ½ Zitrone, 1 Prise Salz, 1 Msp. kräftige Gewürzmischung (Seite 32), 1 Prise Kurkuma, 50 ml Mineralwasser, 1 EL Zucker, 50 ml kräftiges Olivenöl, 150 ml Sonnenblumenöl
Für die Linsen: 100 g Belugalinsen, 2 Prisen Salz, 1 Spritzer weißer Balsamicoessig

1 Für die Zitronenvinaigrette alle Zutaten bis auf das Öl in einen Rührbecher geben, pürieren und unter Rühren das Öl tröpfchenweise unterarbeiten.

2 250 ml Wasser in einem Topf zum Kochen bringen und die Linsen hineingeben. Solange kochen, bis die Linsen einen leichten Biss aufweisen, das dauert etwa 10 Minuten. Wasser abgießen, mit Salz und Essig würzen.

3 Zum Anrichten die Zitronenvinaigrette in das Linsenragout rühren und erwärmen.

Geschmorter Fenchel

Zubereitungszeit: 20 Minuten
Zutaten: 300 g Fenchel, 1 EL Sonnenblumenöl, 3 Prisen Salz, 1 Msp. schwarzer Pfeffer, 1 Prise Chiliflocken, 1 Prise getrockneter Thymian, 6–8 cm Zitronenzesten, 1 Prise Zucker

1 Fenchelknollen putzen. Das heißt alles Grüne entfernen und beiseitestellen, eventuelle braune Stellen an der Knolle keilförmig herausschneiden. Aus dem Schälabfall einen Fond ziehen. Dazu die Fenchelreste in 150 ml kaltes Wasser geben, 1 Prise Salz hinzufügen, aufkochen und 10 Minuten knapp unter dem Siedepunkt kochen.

2 Fenchel vierteln, keilförmig den Strunk herausschneiden, dann in Scheiben schneiden. Aufgefächert in eine heiße Pfanne setzen. Öl und das restliche Salz dazugeben und bei voller Herdleistung den Fond aufgießen. Deckel aufsetzen und unter Dampf garen.

3 Deckel abnehmen und die Restflüssigkeit reduzieren. Fenchelgrün mit anbraten. Gewürze, Zitronenzesten und Zucker (er soll leicht karamellisieren) hinzufügen, durchschwenken und anrichten.

Erbsenpüree

Zubereitungszeit: 5–10 Minuten
Zutaten: 1 EL Butter, 200 g grüne Erbsen (TK), 1 Prise Zucker, 1 Msp. Salz, 1 Prise kräftige Gewürzmischung (Seite 32), 1 Prise getrockneter Thymian, 1 Prise Chiliflocken, 1 EL Estragon, geschnitten

1 Butter bei größter Hitze in einem großen, weiten Topf zum Schäumen bringen. In dem Moment, in dem sich der Schaumberg bildet, die gefrorenen Erbsen in den Topf geben. Zuckern und salzen, anschließend den Deckel aufsetzen.

2 1 Minute lang – bei voller Herdleistung – ständig hin- und her bewegen, damit die Erbsen nicht haften, dabei den Topf geschlossen halten. Die Erbsen sollten noch leicht gefroren und grün sein.

3 Die Erbsen in einen Rührbecher umfüllen, Gewürze und Kräuter zugeben und zu einem hellgrünen, standfesten Mus pürieren. Unter ständigem Rühren nochmals erhitzen.

Tipp Auf mit Frischhaltefolie belegten Kühlakkus herunterkühlen, damit die Farbe erhalten bleibt.

Das Erbsenpüree ist gelungen, wenn es als Nocke auf den Teller gesetzt nicht zerläuft. Für das Spargelgericht die Nocke zur Linie auseinander streichen.

Gebratener Rhabarber

Zubereitungszeit: 25 Minuten
Zutaten: 200 g Rhabarberstangen, 1 TL weißer Balsamicoessig, 1 EL Zucker, 1 Prise kräftige Gewürzmischung (Seite 32), 1 Prise getrockneter Thymian, 1 Prise Chiliflocken, 50 ml Rhabarberfond, 2 EL Olivenöl

1 Den Rhabarber waschen, trocknen und schälen. Aus der Schale mit 50 ml Wasser einen Fond ziehen (Zubereitung siehe Spargel). Die Rhabarberstangen in 1 x 1 cm große Würfel schneiden.

2 Eine Pfanne stark erhitzen, die Würfel hineingeben, wenn die Kanten einen braunen Saum bekommen, die Pfanne beiseitestellen und mit Essig ablöschen. Alle Zutaten bis auf das Olivenöl dazugeben. Die Pfanne wieder auf den Herd stellen und das Öl unter vorsichtigen Rühren einarbeiten, bis ein klar glänzendes, rotes Rhabarberragout entstanden ist.

Rhabarberstangen zieht man vom Blattansatz her die äußere Haut ab.

Gedämpfter Spinat

Zubereitungszeit: 15 Minuten
Zutaten: 1 kg frischer Spinat, 2 EL Butter, ½ TL Salz, 1 Msp. kräftige Gewürzmischung (Seite 32), 2 Prisen Zimt

1 Den Spinat waschen und trocknen. Eine Pfanne mit hohem Rand stark erhitzen, die Hälfte des Spinats in die Pfanne geben, 1 EL Butter zugeben und mit dem Deckel schließen.

2 Den Spinat zusammenfallen lassen, durchrühren, beiseitestellen. Die Farbe ändert sich geringfügig, sie wird eine Nuance dunkler. Genauso mit der zweiten Hälfte des Spinats verfahren.

3 Mit dem Salz, der kräftigen Gewürzmischung und dem Zimt abschmecken.

Tipp Wenn Sie den Spinat nicht sofort essen, können Sie ihn gleich nach dem Dämpfen mit Kühlakkus oder Eis kühlen, kurz vor dem Anrichten in einer kalten Pfanne wieder erwärmen und erst dann abschmecken.

Die Gourmetversion Erbsenpüree im Zentrum, links und rechts Spargel und gebratener Fenchel, quer darüber Spinat, Rhabarber und Nüsse, am Rand etwas Himbeersauce: Damit alles heiß auf den Tisch kommt, arbeiten sich zwei Personen beim Anrichten zu. Gezeigt ist eine Vorspeise. Für eine Hauptmahlzeit rechnet man vier bis sechs Stangen Spargel und mehr Beilage. Zur Sättigung gibt es Pellkartoffeln.

»Spargel mal mit Früchten!«

Krosse Kartoffelrösti mit Kräutern und Apfelpüree

Die beiden Mahlzeiten im Überblick

Krosse Kartoffelrösti mit Kräutern und Apfelpüree

Zwei reizvolle Varianten des Klassikers Kartofferösti. Nicht zu vergleichen mit dem Kartoffelpuffer, ist der Rösti in der dünnen Form wie hier das Non-plus-ultra an Knusprigkeit. Gereicht mit den Farben Gelb, Grün und Rot ist die Mahlzeit die ideale Farbkombination. Kekse sind hier überflüssig.

Die Kombinationen

Die schnelle Version
Kartoffelrösti, gebuttertes Apfelpüree mit Meerrettich, kräftiges Pesto, warmer Tomatensalat

Das Aromenmuster: würzig, mild

Den Kontrast zur Harmonie bilden: Meerrettich und Kerbel

Eine weitere Kombinationsmöglichkeit: Kartoffelrösti, Erbsenpüree (Seite 73), Schnittlauchdip (Seite 146), Feldsalat mit Radicchio (Seite 131) mit 1 EL Olivenpüree (Seite 32)

Die Gourmetversion
Kartoffelrösti, gebuttertes Apfelpüree, grüne Bohnen mit Dill und Limonen, Karottenpüree, Rosmarin-Aprikosen oder karamellisierte Gewürzbirnen

Das Aromenmuster: würzig, kräftig

Den Kontrast zur Harmonie bilden: Koriander und Muskatblüte

Das lässt sich vorbereiten: Das pure Apfelpüree und das Karottenpüree lassen sich am Vortag vorbereiten.

Kartoffelrösti

Zubereitungszeit: 30 Minuten
Zutaten: 1 kg mehligkochende Kartoffeln, ½ TL Chiliflocken, 1 TL Salz, 8 EL Sonnenblumenöl
Für die schnelle Version: 1 ½ TL schwer duftende Gewürzmischung (Seite 32)
Für die Gourmetversion: 1 ½ TL kräftige Gewürzmischung (Seite 32)

1 Kartoffeln waschen, schälen und fein reiben. Einmal durchkneten. Pfanne bei hoher Hitze erwärmen.

2 Die geriebenen und durchgekneteten Kartoffeln sollten nun zu etwa einem Drittel im eigenen Saft stehen. Das Wasser vorsichtig abgießen, die Kartoffelstärke sollte zurückbleiben. Kartoffelraspel und Stärke gut vermengen. Die Gewürze und das Salz mit den Händen unter die Kartoffelspäne kneten.

3 Esslöffelgroße und etwa 1 cm dicke Haufen der Kartoffelmasse in die heiße Pfanne setzen, plattdrücken, Öl zugeben und auf mittlerer Hitze braten. Wenn die Ränder anfangen goldgelb und knusprig zu werden, die Kartoffelpuffer wenden, leicht andrücken und auf der zweiten Seite knusprig braten. Gegebenenfalls etwas Öl ergänzen. Es braucht etwas Fingerspitzengefühl, damit sie knusprig, aber nicht durch und durch hart werden.

4 Herausnehmen und auf Küchenpapier abtropfen lassen.

Tipp Einen Holzlöffel ins Öl setzen, wenn an seinem Rand Bläschen entstehen, ist die Temperatur richtig.

Der Saum ist braun, das ist der Moment, in dem die Röstis gewendet und nochmals festgedrückt werden.

Kräftiges Pesto

Zubereitungszeit: 5 Minuten
Zutaten: 30 g Basilikum, 10 g Rucola, 50 g Kerbel, 2 EL mildes Olivenöl, 1 Prise kräftige Gewürzmischung (Seite 32), 1 Prise Salz, 8 cm Zitronenzeste

1 Die Kräuter waschen, trocknen und in einen hohen Rührbecher geben. Zusammen mit dem Öl, Gewürzmischung, Salz und Zitronenzeste fein und leuchtend grün pürieren. Zum Anrichten über den warmen Tomatensalat geben.

Warmer Tomatensalat

Zubereitungszeit: 20 Minuten
Zutaten: 1 kg Tomaten, 1 TL Salz, ½ TL Zucker, 2 Prisen kräftige Gewürzmischung (Seite 32), 2 Prisen Chiliflocken, 2 Prisen getrockneter Thymian, 1 EL Sonnenblumenöl, 3 TL Olivenöl, 1 TL weißer Balsamicoessig

1 Tomaten waschen, Strunk entfernen und in Scheiben schneiden. Die Herdplatte auf höchste Stufe stellen und warten, bis sie heiß ist. Das kann 5 Minuten dauern. Bis dahin die Pfanne noch nicht daraufstellen.

2 Tomaten dachziegelartig in die kalte Pfanne schichten. Salzen, zuckern, erst die Gewürzmischung, Chiliflocken und Thymian, dann das Sonnenblumenöl hinzugeben und die Pfanne auf die heiße Herdplatte stellen. Das in den Tomaten enthaltene Wasser soll sofort und deutlich hörbar (zischend) verdampfen. Wenn die Tomaten einen braunen Saum bekommen, Olivenöl und Essig über die Tomaten träufeln. Die Pfanne beiseite ziehen.

3 Nach 1 Minute die Pfanne noch einmal für 2 Sekunden auf die Platte schieben, dann die Tomaten mit einer Palette herausheben und anrichten.

Gebuttertes Apfelpüree

Zubereitungszeit: 15 Minuten
Zutaten: 500 g mürbfleischige Äpfel (z. B. Boskop), 10 g Butter, 1 Prise Salz, 1 TL Zitronenabrieb
Für die schnelle Version: 40 g frischer Meerrettich
Für die Gourmetversion: 1 Prise Zimt

1 Äpfel schälen, Kerngehäuse entfernen und in kleine Schnitze schneiden.

2 Einen Topf vorwärmen, die Butter darin schmelzen, bis sie zu zischen beginnt und der äußere Rand sich braun färbt.

3 Die Äpfel auf einen Schlag in den Topf geben, salzen, den Deckel aufsetzen, aber alle paar Sekunden öffnen und mit dem Schaber den festgesetzten Bodensatz lösen. Dies geschieht bei voller Hitze.

4 Wenn das Gargeräusch dumpf wird und ganz aufhört, mit Fingerdruck prüfen, ob die Äpfel weich genug sind. In einen hohen Becher umfüllen, Zitronenabrieb hinzufügen und gut 1 Minute mit dem Pürierstab zu einem cremigen Mus pürieren. Mit Kühlakkus herunterkühlen oder abkühlen lassen.

5 Für **die schnelle Version** vor dem Anrichten den Meerrettich schälen und fein reiben, auf dem Apfelpüree anrichten. Für **die Gourmetversion** den Zimt vor dem Anrichten unterrühren.

Tipp Das Apfelpüree kann kalt gereicht werden oder vor dem Anrichten noch einmal kurz in einem kleinen Topf erwärmt werden.

Rosmarin-Aprikosen

Zubereitungszeit: 5 Minuten
Zutaten: 4 reife, feste Aprikosen, 1 EL Sonnenblumenöl, 1 Prise Salz, 1 TL Zucker, 1 EL weißer Balsamicoessig, 8 Rosmarinnadeln, 8 cm Zitronenzeste, 1 TL Butter

1 Eine Pfanne stark erhitzen. Die Aprikosen waschen, trocknen, halbieren und den Stein entfernen. Mit der Schnittfläche nach unten in die Pfanne geben, dann Öl, Salz und Zucker hinzufügen. Braten, bis ein brauner Saum entsteht.

2 Die Rosmarinnadeln und die Zitronenzeste zugeben und mit dem Essig ablöschen. Den Herd ausschalten und die Butter zu den Aprikosen geben. Für 4 Minuten auf der ausgeschalteten Herdplatte ziehen lassen.

Karamellisierte Gewürzbirnen

Zubereitungszeit: 15 Minuten
Zutaten: 2 Birnen, 20 g Butter, 1 Prise Salz, 4 EL weißer Balsamicoessig, 2–4 EL Apfelsaft, 1 Prise gemahlene Nelke, 8 Rosmarinnadeln, 1 Prise gemahlener Kümmel, 1 Prise gemahlener weißer Pfeffer, 1 Prise getrockneter Thymian, 1 Prise Chiliflocken, 2 EL Zucker

1 Birnen waschen, mit Schale und Stielansatz achteln und das Kerngehäuse entfernen. Schnitze in eine kalte Pfanne legen und die Herdplatte auf volle Leistung stellen.

2 Butter in die Mitte geben, salzen, Essig hinzufügen, die Hitze auf ein Minimum reduzieren und die Birnen bei geschlossenem Deckel 7 bis 8 Minuten garen lassen. Zwischendurch, wenn die Butter sich bräunt und um das Karamellisieren der Birnen mit dem fruchteigenen Zucker zu unterbrechen, mit Apfelsaft ablöschen.

3 Garprobe machen: Die Birnen sollten weich sein und karamellfarben glänzen. Dann die Herdplatte ausstellen, Gewürze zugeben und einschwenken. Zucker darüberstreuen und nochmals schwenken.

Tipp Die Birnen sind eine spannende Alternative zu den Rosmarin-Aprikosen (Seite 80).

Birnen sollten zum Karamellisieren fest und nicht allzu reif sein. Nur so behalten sie ihren Biss.

Grüne Bohnen mit Dill und Limone

Zubereitungszeit: 20 Minuten
Zutaten: 30 g glatte Petersilie, 15 g Korianderblätter, 7 g Dill-Fiederblätter, 3 Basilikumblätter, Saft und Abrieb von 2 Limonen, 2 EL Zucker, ½ TL Salz, 1 Prise kräftige Gewürzmischung (Seite 32), 1 Prise Chiliflocken, 4 EL Sonnenblumenöl, 3 EL kräftiges Olivenöl, 500 g Bohnen

1 Für die Limonenvinaigrette die Kräuter waschen und trocknen, dann Limonensaft und -abrieb in einen hohen Becher geben und zusammen mit den Kräutern und Gewürzen pürieren. Sonnenblumenöl hinzufügen und weiterpürieren. Erst wenn alles gut vermengt ist, das Olivenöl ergänzen.

2 Bohnen putzen, die Stielansätze abschneiden. Wasser in einem Topf zum Kochen bringen, die Bohnen hinzugeben und etwa 6 Minuten gar kochen. Die Bohnen sollten grün und bissfest sein.

3 Wasser abgießen, die Bohnen salzen und in einer Pfanne mit der Limonensauce einschwenken, die Kräuter sollten nicht zu warm werden, sonst werden sie grau. Sofort anrichten.

Karottenpüree

Zubereitungszeit: 25 Minuten
Zutaten: 600 g Karotten, 10 g Butter, 1 TL Salz, ¼ Muskatblüte, 1 Lorbeerblatt, 1 Nelke, 1 Prise Chiliflocken, 1 Prise Kreuzkümmel, 1 TL Zitronenabrieb, 1 TL kräftiges Olivenöl

1 Karotten waschen, schälen und in gleichmäßige feine Scheiben schneiden. Die Butter bei mittlerer Hitze in einem Topf aufschäumen. Wenn sie schäumt, Salz hineingeben und sogleich alle Karottenscheiben, dann die Gewürze. Mit dem Deckel abdecken.

2 Hitze auf kleine Flamme herunterschalten und die Karotten für 10–15 Minuten bei geschlossenem Deckel garen. Hin und wieder umrühren. Nach 10 Minuten eine Garprobe machen: Die Karotten sollen sehr weich und knallorange sein.

3 Wenn sie gar sind, in einen hohen Becher füllen, Nelke, Lorbeerblatt und Muskatblüte entnehmen, Zitronenabrieb ergänzen und 1 Minute zu einem feinen Mus pürieren. Das Püree bei mittlerer Hitze noch einmal aufkochen lassen, das Olivenöl mit dem Schneebesen unterrühren.

Die Gourmetversion Zuerst gibt man festes Karottenpüree auf den Teller. In ihm werden die Rösti fixiert. Das Apfelmus, dann die Bohnen mit der Sauce und die Würzaprikosen folgen. Die Art des Anrichtens ist nicht leicht: Sechs Handgriffe braucht es allein, um die Rösti zu arrrangieren. Zwei Personen sind nötig, damit alles heiß auf den Teller kommt.

Die heißen Bohnen in der Pfanne mit der Limonen-Kräuter-Vinaigrette verbinden, das ist besser als im warmen Topf, wo die Kräuter grau werden können.

»Kartoffelrösti und seine spannenden Begleiter!«

Grüner Kartoffelkloß begleitet von Champignons und Tomaten

Die beiden Mahlzeiten im Überblick

Grüner Kartoffelkloß begleitet von Champignons und Tomaten

Zwei sich ähnelnde Varianten des grünen Kartoffelkloßes. Er heißt so, da dem gebackenen Kartoffelteig Petersilienpesto zugesetzt wird. Die Farben Grün, Braun und Rot geben hier den Ton an. Die Textur ist weich und kann durch einen Keks aufgepeppt werden.

Die Kombinationen

Die schnelle Version
Grüner Kartoffelkloß, Tomatenvinaigrette, goldgelbe Champignons, Gurkenwürfel, Rucolasalat

Das Aromenmuster: würzig, kräftig

Den Kontrast zur Harmonie bilden: Rucola und Wacholder

Der Keks dazu: Erdnusskeks

Eine weitere Kombinationsmöglichkeit: grüner Kartoffelkloß, Blumenkohl mit Kräutern und Mohn (Seite 98), Béchamelsauce (Seite 30)

Die Gourmetversion
Grüner Kartoffelkloß, warmer Tomatensalat, goldgelbe Champignons, Braune Sauce, Basilikumsalat

Das Aromenmuster: würzig, kräftig

Den Kontrast zur Harmonie bildet: der Sauerampfer

Der Keks dazu: Erdnusskeks

Das lässt sich vorbereiten: Kartoffelkloß und braune Champignonsauce können Sie schon am Vortag zubereiten.

Grüne Kartoffelklöße

Zubereitungszeit: 40 Minuten + 40 Minuten Garzeit
Zutaten: 1 kg mehligkochende Kartoffeln, 1 Ei, 35 g Mehl, Type 405, 60 g Kartoffelstärke, 20 g Grieß, 1 TL Salz, 3 EL Petersilienpaste, Abrieb von ½ Zitrone
Für die Petersilienpaste: 100 g glatte Petersilie, 2 EL Sonnenblumenöl, 1 Prise Salz, 4 cm Zitronenzeste

1 Für die Petersilienpaste alle Zutaten in einen hohen Becher geben und zu einem grasgrünen und kompakten, feinen Mus pürieren.

2 Kartoffeln waschen und mit Schale bei 140 °C 50 Minuten im nicht vorgeheizten Ofen backen. Anschließend bei geschlossener Klappe 10 Minuten abkühlen lassen. Dabei bildet sich Kondenswasser, das die Schalen runzelig und weich werden lässt. Die Kartoffeln lassen sich dann leichter pellen.

3 Die gepellten, warmen Kartoffeln in einer Schüssel zu einem groben, matten Brei stampfen, es dürfen noch Stückchen zu sehen sein. Das Ei mit den Kartoffeln vermengen, anschließend Mehl, Stärke, Grieß und Salz unterarbeiten und zum Schluss die Petersilienpaste und den Zitronenabrieb unterrühren.

4 Kräftig gesalzenes Wasser in einem großen Topf zum Kochen bringen. Zum Klößeformen eine Schüssel mit warmem Wasser bereitstellen und mit angefeuchteten Händen aus jeweils einem Esslöffel Kloßmasse durch kreisende Bewegungen eine Kugel mit einer glatten und glänzenden Oberfläche formen. Die Klöße über die gebeugten Finger ins sprudelnde Wasser gleiten lassen. Sobald sie aufsteigen, die Hitze herunterschalten, bis im Wasser keine Bläschen mehr zu sehen sind und etwa 5 Minuten ziehen lassen. Die Klöße mit einem Schaumlöffel aus dem Wasser heben, über einem Baumwolltuch abtropfen lassen und servieren.

Die Masse für die Klöße enthält sichtbare Kartoffelstücke. Die Kräuterpaste ist kompakt und trocken.

Goldgelbe Champignons

Zubereitungszeit: 20 Minuten
Zutaten: 800 g Champignons, geputzt oder die beiseitegestellten Champignonköpfe der braunen Sauce (Seite 91), 4 EL Sonnenblumenöl, 4 Prisen Salz, 4 EL weißer Balsamicoessig, 1 TL kräftige Gewürzmischung (siehe Seite 32), 1 gute Prise getrockneter Thymian, 2 Msp. Chiliflocken, 2 Stücke 6–8 cm lange Zitronenzeste
Für die schnelle Version: 2 Lorbeerblätter, 2 Prisen gemahlene Nelken, 4 Prisen Zimt, 4 Prisen getrockneter Majoran, 1 TL Salz

1 Champignons je nach Größe halbieren oder vierteln. Pfannen (für die Menge werden zwei Pfannen benötigt oder man brät zweimal, denn die Pilze dürfen die Pfanne nicht komplett füllen) sehr heiß werden lassen, Pilze hineingeben, rösten bis ein brauner Saum entsteht, dann pro Pfanne 2 EL Öl zufügen und braten, bis sie goldgelb und fest sind.

2 Erst zum Schluss, wenn die Pilze von allen Seiten goldgelb bis braun sind, salzen, und pro Pfanne mit 2 EL Essig, ½ TL Gewürzmischung, ¼ TL Thymian und 1 Messerspitze Chili würzen, dann die Zitronenzesten einschwenken.

Gekonnt Pilze braten Mit viel Hitze und viel Platz in der Pfanne, wenig Öl und Salz zum Schluss gelingt es sicher. Im auf 140 Grad vorgewärmten Ofen lassen sich die fertig zubereiteten Champignons 10 Minuten warm halten. Länger nicht, sonst trocknen sie aus.

3 Für **die schnelle Version** pro Pfanne die Hälfte der Kräter und Gewürze unterrühren. Für **die Gourmetversion** die Champignons in die braune Sauce (siehe Seite 91) geben, wenn diese ebenfalls zubereitet wird, und einmal aufkochen lassen.

Gebratene Gurkenwürfel

Zubereitungszeit: 15 Minuten
Zutaten: 600 g Gurken, 1 TL Öl, 1 EL weißer Balsamicoessig, 2 Prisen Salz, 2 Prisen kräftige Gewürzmischung (Seite 32), 1 Prise Zucker, 1 Prise Chiliflocken

1 Gurke schälen und in 2 x 2 cm große Würfel schneiden.

2 Eine Pfanne stark erhitzen, die Gurkenwürfel hineingeben. Gegebenenfalls mit zwei Pfannen arbeiten, der Boden der Pfanne sollte nicht komplett bedeckt sein. Sobald die Gurkenwürfel eine trockene Oberfläche und einen braunen Saum bekommen (das dauert etwa 3 bis 4 Minuten), 1 TL Öl hineingeben, den Essig sowie die Gewürze unterrühren und die Gurkenwürfel anrichten.

Tipp Die Gurkenwürfel gleich anrichten, sonst werden sie sehr weich.

Gurkenwürfel bissfest rösten. Hier gilt das Gleiche: Viel Hitze, viel Platz in der Pfanne und wenig Öl, ein Fettfilm darf sich nicht bilden. Das Braten geschieht in kürzester Zeit, sobald sich ein brauner Saum an den Würfeln zeigt, sind die Würfel fertig.

Warme Tomatenvinaigrette

Zubereitungszeit: 25 Minuten
Zutaten: 500 g Tomaten, 2 TL Sonnenblumenöl, ½ TL Salz, 1 Prise Zucker, 1 Prise kräftige Gewürzmischung (Seite 32), 1 Prise gemahlener Kreuzkümmel, 4 cm Orangenzeste, 1 TL weißer Balsamicoessig, 4 EL mildes Olivenöl

1 Die Tomaten waschen, trocknen, Strunk entfernen und in Scheiben schneiden. Dachziegelartig in eine kalte Pfanne schichten. Sonnenblumenöl zu den Tomaten geben, die Tomaten salzen und zuckern.

2 Eine Herdplatte auf höchster Stufe erhitzen, die Pfanne mit den Tomaten auf die heiße Platte stellen. Das in den Tomaten enthaltene Wasser soll sofort und hörbar (zischend) verdampfen.

3 Die Tomaten garen, bis sie weich werden. Zusammen mit den Gewürzen, den Orangenzesten und dem Essig in einen hohen Becher geben und pürieren. Das Öl unter Rühren tröpfchenweise einarbeiten.

4 Die Tomatenvinaigrette vor dem Anrichten nochmals leicht erwärmen (50 bis 60 °C).

Beim Tomatenbraten Energie sparen. Die vorbereiteten, rohen Fruchtscheiben in die ausgekühlte Pfanne setzen und auf der noch heißen Platte vom Champignonbraten rösten. Aus den so zubereiteten Tomaten lässt sich ein warmer Salat, S. 92, und weiter die Vinaigrette bereiten.

Rucolasalat

Zubereitungszeit: 5 Minuten
Zutaten: 12 Rucolablätter, 4 Blätter Sauerampfer, 1 EL kräftiges Olivenöl, 1 Spritzer weißer Balsamicoessig, 1 Prise Salz, 1 TL gemahlener Mohn, 2 Prisen schwer duftende Gewürzmischung (Seite 32), 1 Prise Zimt, 1 Msp. Peperonipüree (Seite 34)

1 Die Rucolablätter von den Stängeln trennen. Rucola und Sauerampfer waschen und trocknen.

2 Öl, Essig, Salz, Mohn, Gewürze und Peperonipüree in eine Schüssel geben und verrühren. Die Kräuter grob zupfen und mit der Vinaigrette marinieren.

Tipp Für einen ausgewogenen Geschmack sollte das Verhältnis von Sauerampfer zu Rucola 1:3 sein.

Gut zu wissen Für den Rucolasalat können Sie das Peperonipüree – für den Fall, dass Sie keines vorrätig haben –, durch 1 Prise Chiliflocken ersetzen.

Braune Sauce

Zubereitungszeit: 40 Minuten
Zutaten: Stiele von 1 kg Champignons (die Stiele entsprechen in etwa 300 g), 50 g Zwiebelpüree (Seite 35), 1 gestrichener TL Tomatenmark (oder ½ Tomate zum Anbraten), 1 EL Sonnenblumenöl, 675 ml Gemüsefond (Seite 35), Salz, 1 Prise Chiliflocken, 2 Prisen getrockneter Thymian, 2 Prisen kräftige Gewürzmischung (Seite 32), 1 TL kräftiges Olivenöl

1 Pilze putzen (es reicht, die Erde mit einem trockenen Tuch abzustreichen, denn meist sind sie nur sandig), Stiele mit Daumen und Zeigefinger herausdrehen, Köpfe zur Seite stellen.

2 Eine Pfanne auf höchster Stufe erhitzen, Stiele hineingeben und trocken rösten, bis ein brauner Saum entsteht. Zwiebelpüree, Tomatenmark und Sonnenblumenöl hinzufügen und bei vorsichtigem Hin- und Her-Schieben goldgelb braten.

3 Den Bodensatz, der sich gebildet hat, mit 125 ml des Gemüsefonds ablöschen, einkochen lassen, bis sich am Boden ein brauner Film bildet. Noch zweimal wiederholen. Dann mit dem restlichen Fond aufgießen und aufkochen lassen.

4 Durch ein Sieb in einen zweiten Topf passieren, die Stiele mit einem Esslöffel ausdrücken, den Fond dickflüssig einkochen. Mit Salz, Chili, Thymian und der Gewürzmischung würzen. Nochmals passieren. Gehören auch die gebratenen Champignons (Seite 88) zur Mahlzeit, diese in die Sauce geben, aufkochen und 1 TL Olivenöl unterrühren.

Gut zu wissen Sollten Sie für die braune Sauce kein Zwiebelpüree vorrätig haben, können Sie es durch 100 g Zwiebeln ersetzen: Die Zwiebeln schälen, fein schneiden und in einer Pfanne mit etwas Öl glasig anschwitzen.

Passt auch zu gedämpftem Blumenkohl, Graupen, gedünstetem Porree.

Vorrat anlegen Heiß vakuumiert oder in Schraubgläser gefüllt, hält sich die Sauce 7 Tage im Kühlschrank.

Warmer Tomatensalat

Zubereitungszeit: 20 Minuten
Zutaten: 500 g Tomaten, ½ TL Sonnenblumenöl, ½ TL Salz, 1 Prise Zucker, 1 ½ TL kräftiges Olivenöl, 1 TL weißer Balsamicoessig, 1 Prise kräftige Gewürzmischung (Seite 32), 1 Prise Chiliflocken, 1 Prise getrockneter Thymian

1 Tomaten waschen, trocknen, Strunk entfernen und in Scheiben schneiden. Tomaten dachziegelartig in die kalte Pfanne schichten. Sonnenblumenöl in die Pfanne geben, die Tomaten salzen und zuckern. Eine Herdplatte auf volle Leistung stellen. Die Pfanne auf die heiße Platte stellen.

2 Das in den Tomaten enthaltene Wasser soll sofort und deutlich hörbar (zischend) verdampfen. An den Tomatenrändern bildet sich ein leichter brauner Saum.

3 Die Pfanne vom Herd nehmen, Olivenöl, Essig und Gewürze hinzugeben und warten, bis sich etwas Tomatenfond am Pfannenboden bildet. Die Tomatenscheiben herausnehmen, anrichten und mit dem Fond beträufeln.

Basilikumsalat

Zubereitungszeit: 5 Minuten
Zutaten: 4 Sauerampferblätter, 3 Basilikumblätter, ½ TL Olivenöl, 1 Spritzer weißer Balsamicoessig, 1 Prise Salz

1 Sauerampfer und Basilikum waschen, trocknen und fein schneiden. Mit Olivenöl, Essig und Salz einige Sekunden marinieren und Bällchen anrichten.

Tipp: Für einen ausgewogenen Geschmack sollte das Mischungsverhältnis von Basilikum zu Sauerampfer 3:1 sein.

Die Tomatenscheiben sollen gebraten ganz bleiben, dafür werden sie dachziegelartig in die Pfanne gegeben und mit der Winkelpalette herausgehoben.

Die Gourmetversion Erst den Kartoffelkloß auf den Teller geben, denn er ist am heißesten, dann den Tomatensalat, zuletzt die Pilze – möglichst aus dem Ofen, damit sie wirklich warm sind – und die Sauce. Ein Kräuterwirbel krönt den Kloß. Faustregel: Was schnell auskühlt, wird zum Schluss angerichtet.

»Sauerampfer und Basilikum krönen den Kloß«

In bester Gesellschaft: knusprige Polenta mit würzigem Gemüse

Die beiden Mahlzeiten im Überblick

In bester Gesellschaft: knusprige Polenta mit würzigem Gemüse

Die Polenta kommt oftmals cremig auf den Tisch – wie Sie Polenta als gebratene Schnitte fluffig und knusprig zugleich hinbekommen, zeigen diese beiden Gerichte. Die Farben reichen von Gelb-Braun über Weiß und Grün bis zu Weinrot. Die Textur der Polenta ist knusprig, die anderen Zutaten sind weich. In der Gourmetversion ist die knackige Mandel auf dem Tomaten-Backapfel wichtig.

Die Kombinationen

Die schnelle Version
Knusprige Polenta, Blumenkohl mit Kräutern und Mohn, Kartoffel-Senfsauce

Das Aromenmuster: würzig

Den Kontrast zur Harmonie bilden: Senf und Oliven

Der Keks dazu: Cranberry-Zitronenkeks

Eine weitere Kombinationsmöglichkeit: Knusprige Polenta, Karotten aus dem Ofen (Seite 140), Curry-Weißkohl (Seite 57), geröstete Mandeln, gebratener Salbei, Béchamelsauce (Seite 30)

Die Gourmetversion
Knusprige Polenta, Kerbelsauce, Tomaten-Backapfel, Rote Bete aus dem Ofen, geschmorter Fenchel

Das Aromenmuster: würzig, mild

Den Kontrast zur Harmonie bilden: Salbei und Kerbel

Der Keks dazu: Salzstange

Das lässt sich vorbereiten: Polenta können Sie schon am Vortag zubereiten. Die Béchamelsauce kommt aus der Vorratskammer.

Knusprige Polenta

Zubereitungszeit: 30 Minuten + 3 Std. Abkühlzeit
Zutaten: 1¾ l Gemüsefond, ½ TL Salz, Abrieb von ½ Zitrone, ½ TL Kurkuma, 2 Prisen kräftige Gewürzmischung (Seite 32), 4 EL kräftiges Olivenöl, 500 g Polentagrieß, 3 Eier, 1 EL Kartoffelmehl, 2 EL Sonnenblumenöl

1 Gemüsefond zum Kochen bringen. Hitze reduzieren, erst Salz, Zitronenabrieb, Kurkuma und Gewürzmischung, dann Olivenöl zugeben. Den Topf vom Herd nehmen und den Polentagrieß mit dem Schneebesen einrühren. Topf mit einem Deckel verschließen, wieder auf den Herd stellen und den Brei aufwallen lassen (Vorsicht, er brennt leicht an und spritzt).

2 Vom Herd nehmen und mit geschlossenem Deckel 10 Minuten quellen lassen. In der Zwischenzeit die Eier trennen und das Eiweiß steif schlagen.

3 Die gequollene Polenta glatt rühren und zuerst die Eigelbe, dann das Kartoffelmehl einarbeiten.

4 Den Eischnee in eine große Schüssel mit hohem Rand füllen und erst ein Drittel des heißen Polentabreis mit einem Gummischaber unterheben, dann den Rest. Alles zu einer glatten Masse verrühren (Eiweißflocken bleiben sichtbar).

5 Die noch warme Polenta in eine mit Backpapier ausgelegte Kastenform füllen und glatt streichen (Kastenform mit etwas Wasser benetzen, dann haftet das Papier besser). Mit Frischhaltefolie gut abdecken, 3 bis 5 Stunden oder über Nacht auskühlen lassen, alternativ die Form mit Kühlakkus ummanteln und in den Kühlschrank stellen.

6 Zum Braten die Polenta mit einem dünnen Messer in fingerdicke Scheiben schneiden. Sonnenblumenöl in einer Pfanne erhitzen und die Polentastücke von beiden Seiten knusprig braten und nach Geschmack mit Salz bestreuen.

Tipp Überschüsse der Polenta können mit einem Tropfen Öl ganz einfach eingefroren werden. Tiefgefrorene Polenta nach dem Auftauen und vor dem Braten in etwas Mehl wenden, abklopfen.

Vermengt man zwei Massen, so gilt als Regel: Die leichte Substanz kommt nach unten, obenauf folgt die schwere – wie hier bei Eischnee und Polenta.

Blumenkohl mit Kräutern und Mohn

Zubereitungszeit: 50 Minuten
Zutaten: 1,5 kg Blumenkohl, 2 EL Butter, 1 Lorbeerblatt, 1 TL Salz
Für die Kräuter-Mohnpaste: 50 g Kerbel, 5 EL Olivenpüree (Seite 32), ½ TL Mohn, 2 EL Sesam, 1 Prise gemahlene Nelken, 1 TL Berberitzen, 4 cm Orangenzeste, 1 EL mildes Olivenöl

1 Den Blumenkohl waschen und in etwa 5 cm große Röschen teilen. In eine Jenaer Form geben, Butter, Lorbeerblatt und Salz hinzufügen. Im nicht vorgeheizten Ofen bei 200 °C mit geschlossenem Deckel etwa 40 Minuten garen.

2 Nach 40 Minuten eine Garprobe machen: Dazu mit einer Rouladennadel oder einem dünnen Messer in den Blumenkohl stechen. Hebt er sich beim Herausziehen leicht an, ist der Blumenkohl gar.

3 In der Zwischenzeit für die Kräuter-Mohnpaste den Kerbel bei Bedarf waschen und klein schneiden. Zusammen mit Olivenpüree, Mohn, Sesam, Nelken, Berberitzen und Orangenzeste in einer kleinen Schüssel vermengen. Das Olivenöl tröpfchenweise unterrühren, sodass eine homogene Masse entsteht.

4 Die Kräuter-Mohnpaste über den noch warmen Blumenkohl geben und anrichten.

Kartoffel-Senfsauce

Zubereitungszeit: 15 Minuten
Zutaten: 90 g mehligkochende Kartoffeln, 40 g Zwiebelpüree (Seite 35), 1 Lorbeerblatt, 1 Spritzer Essigessenz, 1 TL grober Senf, 3 Prisen Salz, 1 Prise Kurkuma, 2 Prisen getrockneter Majoran, 2 gute Prisen kräftige Gewürzmischung (Seite 32), 1 Prise Thymian, 1 Prise Zucker, 3 EL mildes Olivenöl

1 Kartoffeln waschen, schälen und in 1 x 1 cm große Würfel schneiden. Zusammen mit dem Zwiebelpüree in einem Topf bei mittlerer Hitze 3 Minuten anbraten. Lorbeerblatt, Essigessenz, Senf und Salz kurz mit anschwitzen. Anschließend mit 300 ml Wasser aufkochen und 10 Minuten köcheln lassen.

2 Sind die Kartoffeln weich, diese in den Rührbecher geben, die Gewürze und Zucker dazugeben und mit dem Pürierstab pürieren. Im Topf noch einmal aufwallen lassen. Topf vom Herd nehmen und während des Pürierens das Olivenöl tröpfchenweise hinzufügen.

Kerbelsauce

Zubereitungszeit: 40 Minuten
Zutaten: 100 g Kerbel, 2 EL Sonnenblumenöl, 1 Prise Salz, 1 TL Zitronenabrieb, 400 ml Béchamelsauce (Seite 30)

1 Für das Kräuterpesto sauberen Kerbel (das ist er meist schon, waschen ist selten nötig) in einen Rührbecher füllen, dann Öl, Salz und Zitronenabrieb hinzufügen und gute 5 Sekunden stoßweise pürieren.

2 Béchamelsauce vorsichtig in einem kleinen Topf unter ständigem Rühren aufkochen. Das Kräuterpesto zugeben, mit dem Pürierstab aufschäumen und anschließend noch einmal aufwallen lassen. Die Kerbel-Béchamelsauce eignet sich nur zum sofortigen Verzehr. Wieder aufgewärmt wird sie grau.

Rote Bete aus dem Ofen

Zubereitungszeit: 90 Minuten
Zutaten: 800–1000 g Rote Bete, ½ TL Salz, 1 Spritzer Essigessenz oder 2 EL weißer Balsamicoessig, 1 EL Sonnenblumenöl, 1 gute Msp. Zimt, 1 gute Msp. Chiliflocken, 1 EL kräftige Gewürzmischung (Seite 32), 1 EL Zucker, 1 EL kräftiges Olivenöl

1 Rote Bete mit einem kleinen Tourniermesser schälen, in dünne Scheiben schneiden, fächerartig und steil wie Dachziegel in eine große Jenaer Form legen und salzen. Knapp mit Wasser bedecken, Essigessenz und Sonnenblumenöl zugeben.

2 Jenaer Schüssel mit geschlossenem Deckel auf die untere Schiene des nicht vorgeheizten Backofens stellen und etwa 60 Minuten bei 200 °C garen. Mit einer Rouladennadel den Garpunkt testen: Die Rote Bete ist gar, wenn Sie beim Einstechen mit der Rouladennadel keinen Widerstand spüren und sich die Rote Bete beim Herausziehen der Nadel nur leicht anhebt.

3 Zum Schluss sollte keine Flüssigkeit mehr übrig sein. Wenn die Bete leicht ansetzt, ist es nicht schlimm. Das Kondenswasser beim Abkühlen löst den Satz wieder. Zum Schluss mit Gewürzen und Olivenöl aromatisieren.

Vorbereiten: Wenn Sie die Rote Bete am Vortag kochen, können Sie sie über Nacht mit geschlossenem Deckel ziehen lassen, das verstärkt das Aroma. Am nächsten Tag vor dem Anrichten bei 200 °C mit geschlossenem Deckel 10 Minuten lang im Ofen erwärmen. Wenn Flüssigkeit fehlt, 2 EL Mineralwasser zugeben.

Mit einer dünnen Klinge feine Scheiben von der Roten Bete schneiden, das garantiert eine recht knappe Garzeit von 40–60 Minuten.

Zur Garprobe taugt ein spitzes Messer oder eine Rouladennadel. Gleiten sie leicht in das Gemüse, ist es gar.

Tomaten-Backapfel

Zubereitungszeit: 20 Minuten
Zutaten: 500 g Äpfel (z. B. Holsteiner Cox), 1 EL Sonnenblumenöl, 1 Prise Salz, 1 EL weißer Balsamicoessig, 1 TL Zucker, 70 g Mandelstifte, 50 g getrocknete Tomaten, 10 große Salbeiblätter, 1 EL Butter, Abrieb von 1 Zitrone, 1 EL kräftiges Olivenöl, 1 Prise kräftige Gewürzmischung (Seite 32), 1 Msp. Chiliflocken, 1 Msp. getrockneter Thymian, 1 Msp. gemahlener Ceylon-Zimt,

1 Die Äpfel schälen, Kerngehäuse entfernen und in Schnitze schneiden. Backofen auf 250 °C vorheizen. Die Äpfel dachziegelartig in eine gefettete Jenaer Form schichten, Öl, Salz, Essig sowie Zucker darübergeben und die Äpfel 3 Minuten auf der obersten Schiene backen.

2 Die Mandeln in einer trockenen Pfanne rösten und die getrockneten Tomaten fein schneiden. Salbei waschen, trocknen und in feine Streifen schneiden. Butter in einer Pfanne zerlassen, Salbei kurz anbraten. Die Äpfel aus dem Ofen nehmen, die noch warmen Mandeln, Salbei und die Tomaten darüberstreuen.

3 Zitronenabrieb, Olivenöl und die Gewürze darauf verteilen und mit den Händen gut anpressen, sofort mit Frischhaltefolie luftdicht abdecken und über Nacht ziehen lassen.

4 Vor dem Servieren die Apfelschnitze mit der Winkelpalette in eine trockene Pfanne umsetzen und bei kleiner Hitze 6 Minuten erwärmen.

Tipp Um eine Pfanne weniger auf dem Herd stehen zu haben, können Sie die Mandeln auch während des Vorheizens im Ofen rösten. Dabei häufig kontrollieren, dass die Mandeln nicht zu dunkel werden. Den Salbei sollten Sie erst kurz vor der Verwendung schneiden, da er sonst schnell schwarz wird.

Geschmorter Fenchel

Zubereitungszeit: 20 Minuten
Zutaten: 300 g Fenchel, 1 EL Sonnenblumenöl, 3 Prisen Salz, 1 Msp. kräftige Gewürzmischung (Seite 32), 1 Msp. Kurkuma, 1 Prise Chiliflocken, 1 Prise getrockneter Thymian, 6–8 cm Zitronenzeste, 1 EL weißer Balsamicoessig

1 Fenchelknollen putzen. Das heißt alles Grüne entfernen und beiseitestellen, eventuelle braune Stellen keilförmig aus der Knolle herausschneiden.

2 Fenchel vierteln, keilförmig den Strunk herausschneiden, dann in Scheiben schneiden. Dachziegelartig in eine Jenaer Form schichten. Öl und Salz dazugeben und mit Wasser aufgießen, sodass der Fenchel zu einem Drittel im Wasser steht. Bei 200 °C im vorgeheizten Ofen 35 Minuten garen.

3 Dann den Deckel abnehmen und die Restflüssigkeit reduzieren. Gewürze, Zitronenzeste und Essig hinzufügen, durchschwenken und anrichten.

Die Gourmetversion Mit der aufgefächerten Roten Bete beginnt das Anrichten. Der Fenchel folgt, dann die Polenta. Der Tomaten-Backapfel krönt das Ganze. Kerbelsauce schmückt den Rand. Die Mengenverteilung ist dekorativ und gut für ein Bild. Tatsächlich braucht eine Person etwa die doppelte Menge Polenta, um satt zu werden.

»Der Schlüssel des Gerichts ist der Backapfel!«

Kulinarischer Flirt: Gnocchi mit Früchten und Paprika

Die beiden Mahlzeiten im Überblick

Kulinarischer Flirt: Gnocchi mit Früchten und Paprika

Was an unvergessliche Urlaube erinnert, ist auch in diesen Winterkombinationen unheimlich lecker. Die Farben: Weiß, Orange, Grün, Braun sowie Gelb und Rot. Die Textur der Gnocchi ist knusprig, das Gemüse weich und ein Keks gibt in diesem Fall nicht nur Biss, sondern in der schnellen Variante auch einen weiteren wichtigen Farbklecks.

Die Kombinationen

Die schnelle Version
Gebratene Gnocchi, Schwarzwurzeln aus dem Ofen, Paprikavinaigrette, gebratene Papaya mit Kräutern

Das Aromenmuster: würzig, kräftig

Den Kontrast zur Harmonie bilden: Rosmarin und Wacholder

Der Keks dazu: Orangen-Schokoladenkeks, Cranberry-Zitronenkeks

Eine weitere Kombinationsmöglichkeit: gebratene Gnocchi, Zitronen-Avocadodip (Seite 137), goldgelbe Champignons (Seite 88), grüne Nusspaste (Seite 124)

Die Gourmetversion
Gebratene Gnocchi mit Kräutern, Steckrübenpüree mit Karottenwürfeln, Paprika-Béchamelsauce, geschmorter Chicorée, Granatapfelkompott

Das Aromenmuster: würzig, mild

Den Kontrast zur Harmonie bilden: Schnittlauch und Kümmel

Der Keks dazu: Orangen-Kümmelkeks, Salzstange

Das lässt sich vorbereiten: Gnocchi, Paprikapüree, Steckrübenpüree und Granatapfelkompott (für die Gourmetversion) können Sie schon am Vortag zubereiten.

Gnocchi

Zubereitungszeit: 2 Stunden
Zutaten: 1 kg mehligkochende Kartoffeln, ½ TL Salz, 1 Prise kräftige Gewürzmischung (Seite 32), 2 Eigelb, 80 g Kartoffelmehl, 100 g Hartweizengrieß, 1 EL Butter
Für die Gourmetversion: 1 TL Orangenzesten, 16 Rosmarinnadeln, fein geschnitten, 1 TL frischer Thymian, gehackt

1 Kartoffeln waschen und mit Schale auf einem Rost ausgebreitet bei 150 °C 50 Minuten im vorgeheizten Ofen backen. Anschließend bei geschlossener Klappe weitere 15 Minuten im ausgeschalteten Ofen stehen lassen. Beim Abkühlen bildet sich Kondenswasser, das die Schalen runzelig macht. So lassen sie sich leichter pellen.

2 Kartoffeln pellen und stampfen. Salz und Gewürzmischung zu den Kartoffeln geben. Eigelb, Kartoffelmehl und Grieß nacheinander dazugeben und mit der Hand vermengen. Eher fest als weich ist der Gnocchiteig gerade richtig.

3 Reichlich Wasser in einem Topf zum Kochen bringen. Auf der mit Kartoffelmehl bestäubten Arbeitsfläche aus dem Gnocchiteig 4 cm dicke Rollen formen. In fingerdicke Stücke schneiden, zu Kugeln formen und die markanten Rillen mit einer Gabel hineindrücken. Auf einem Backpapier ablegen. Die Gnocchi ins kochende Wasser gleiten lassen, aufkochen und, wenn die Klößchen aufgestiegen sind, weitere 2 Minuten knapp unter dem Siedepunkt gar ziehen lassen. Mit dem Schaumlöffel herausnehmen und über einem Baumwolltuch abtropfen lassen.

4 Kurz vor dem Anrichten die Butter in der Pfanne aufschäumen, Gnocchi einfüllen (nur so viele, dass der Boden noch gut sichtbar ist) und bei mittlerer Hitze von allen Seiten goldbraun braten.

5 Für **die Gourmetversion** Orangenzesten, Rosmarin und Thymian zugeben, einschwenken, 2 Sekunden warten, und anrichten.

Vorrat anlegen Sie können die Gnocchi gut 5 Tage im Kühlschrank aufbewahren. Mit etwas Öl in einem Gefrier-beutel lassen sie sich auch einfrieren.

Gnocchi sind leicht geformt, wenn man zuerst etwa 4 cm dicke Teigschlangen herstellt, dann davon dicke Scheiben abschneidet und diese zu Klößchen dreht.

Schwarzwurzeln aus dem Ofen

Zubereitungszeit: 30 Minuten
Zutaten: 1,5 kg Schwarzwurzeln, 4 EL Sonnenblumenöl, 1 TL getrockneter Thymian, ½ TL kräftige Gewürzmischung (Seite 32), 1 TL Salz

1 In lauwarmem Wasser mit einem Schwamm die Erde von den Schwarzwurzeln bürsten. Die Enden abschneiden, mit einem Sparschäler schälen, in sehr dünne Scheiben schneiden und auf einem nassen Tuch beiseitestellen.

2 Den Ofen auf 180 °C vorheizen. Zwei Backbleche mit Öl einfetten, die Schwarzwurzeln darauf verteilen und 20 Minuten auf der mittleren Schiene backen. Wenn nach etwa 10 Minuten ein brauner Saum an den Rändern entstanden ist, die Schwarzwurzeln wenden.

3 Wenn die Schwarzwurzeln goldgelb gebacken sind und innen weich werden, Gewürze und Salz hinzugeben und anrichten.

Paprikavinaigrette

Zubereitungszeit: 5 Minuten
Zutaten: 4 EL Paprikapüree (Seite 146), 1 Prise kräftige Gewürzmischung (Seite 32), 4 cm Zitronenzeste, 1 Prise Salz, 50 ml mildes Olivenöl

1 Alle Zutaten bis auf das Öl mit 50 ml Wasser langsam in einem kleinen Topf erwärmen, in einen Rührbecher geben und unter Rühren mit dem Pürierstab das Olivenöl tröpfchenweise einarbeiten.

Gebratene Papaya

Zubereitungszeit: 30 Minuten
Zutaten:
Für die Papaya: 450 g Papaya, 1 TL Sonnenblumenöl, 2 Prisen Zucker, 1 Prise Chiliflocken, 1 EL weißer Balsamicoessig, 5 g Butter, 1 Prise getrockneter Thymian
Für das Kräutertopping: ½ TL Lavendelblätter, 1 TL Rosmarinblätter, 2 EL Estragonblätter, 5 g Butter, 1 TL Zitronenabrieb, ½ TL Orangenabrieb, 1 Prise Salz, 1 TL Ingwerpüree (Seite 35), 2 Prisen feine Gewürzmischung (Seite 32), 25 ml mildes Olivenöl

1 Die Papaya halbieren, die Kerne mit einem Löffel entfernen und die Frucht mit einem dünnen Messer schälen. Das Fruchtfleisch in fingerdicke Scheiben schneiden und dachziegelartig in eine kalte Pfanne setzen.

2 Öl, Zucker und Chiliflocken darübergeben. Wenn die Papayaspitzen anfangen, braun zu werden, mit dem Essig ablöschen. Die Butter und Thymian hinzufügen. Vom Herd nehmen und 5 Minuten ziehen lassen. Die gegarte Papaya auf einen Teller setzen, den Fond in einen Becher füllen.

3 Die Kräuter für das Topping waschen, trocknen und fein schneiden. Eine Pfanne erwärmen und die Butter bei mittlerer Hitze aufschäumen. Rosmarin, Lavendel, den Abrieb der Zitrusfrüchte und etwas Salz zur Butter geben. Die Kräuter sollen nicht braun werden.

4 Ingwerpüree, 7 EL Wasser sowie den Papayafond hinzufügen und aufkochen lassen. Die Pfanne vom Herd nehmen und das Öl tröpfchenweise unterrühren. Estragon und Papaya hinzugeben, dann mit der Gewürzmischung abschmecken. Sofort anrichten.

Kulinarischer Flirt: Gnocchi mit Früchten und Paprika **107**

Geschmorter Chicorée

Zubereitungszeit: 5 Minuten
Zutaten: 1 mittelgroße Chicoréestaude, 1 EL Sonnenblumenöl, 1 Prise Salz, 1 Prise Zucker, 1 EL weißer Balsamicoessig, 1 TL Butter, 1 Prise kräftige Gewürzmischung (Seite 32)

1 Von den sauberen Chicoréestauden die Enden abschneiden und der Länge nach achteln (vierteln, wenn es mehrere, kleine Stauden sind).

2 Mit den Schnittflächen nach unten in eine trockene, heiße Pfanne legen, dann Öl, Salz und Zucker dazugeben.

3 Sobald der Chicorée anfängt, am Saum braun zu werden, mit Essig ablöschen. Wenn dieser verdampft ist, Butter dazugeben und den Herd ausschalten. Sobald die Butter bräunlich und klar wird, die Gewürze darüberstreuen und den Chicorée umdrehen.

Paprika-Béchamelsauce

Zubereitungszeit: 5 Minuten
Zutaten: 500 ml Béchamelsauce (Seite 30), 4 EL Paprikapüree (Seite 146), Abrieb von ¼ Zitrone, 1 Prise kräftige Gewürzmischung (Seite 32), Salz

1 Béchamelsauce unter Rühren aufkochen, Paprikapüree und Zitronenabrieb zugeben und ebenfalls unter Rühren mit einem Schneebesen aufwallen lassen. Zum Schluss die Gewürzmischung und Salz zugeben und die Béchamelsauce mit dem Pürierstab aufschäumen.

Tipp Verwendet man die Béchamelsauce aus dem Vorrat, vorsichtig erwärmen. Flockt sie aus, die Sauce mit dem Pürierstab aufschlagen.

Passt auch zu der würzig-kräftigen Variante der Senfeier (Seite 23), gekochten Maiskolben oder einem gedünsteten Romanesco.

Der braune Saum am Chicorée signalisiert den nächsten Arbeitsschritt. Sobald er sich zeigt, wird mit Essig abgelöscht. Gewendet wird er am Ende.

Die Béchamelsauce sollte warm, keinesfalls heiß sein, wenn das Paprikapüree hinzugefügt und mit einem Schneebesen untergerührt wird.

Granatapfelkompott

Zubereitungszeit: 40 Minuten
Zutaten: 1 Granatapfel, 1 EL Zucker, 100 ml Apfelsaft, 1 TL Speisestärke, 4 cm Zitronenzeste

1 Granatapfel aufschneiden, mit der Schnittfläche nach unten über einen tiefen Teller halten und mit einem Löffel gegen die harte, lederne Außenschale klopfen. Das löst die Kerne und sie fallen heraus. Zugedeckt beiseitestellen.

2 Für den Karamell einen trockenen Topf erhitzen, Zucker hineingeben und schmelzen. Nicht rühren, den Topf nur leicht hin und her bewegen. Sobald der Zucker hell und flüssig ist, mit Apfelsaft ablöschen. So lange kochen, bis sich der Zucker aufgelöst hat.

3 Mit in Wasser angerührter Speisestärke leicht binden und 1 Minute kochen, bis die Flüssigkeit klar wird.

4 Granatapfelkerne in den Karamellfond geben, unter Rühren mit dem Schaber aufwallen lassen, Zitronenzeste dazugeben und das Kompott auskühlen lassen.

Kerne aus dem Granatapfel lösen sich bei Erschütterung. Man klopft mit einem Löffel gegen die Schale.

Steckrübenpüree mit Karottenwürfeln

Zubereitungszeit: 40 Minuten
Zutaten: 200 g Steckrüben, 1 EL Butter, 1 Nelke, 2 Lorbeerblätter, 1 Prise gemahlener Zimt, 1 Prise gemahlener Kümmel, ½ TL Salz, 1 EL weißer Balsamicoessig, 4 TL Schnittlauch, 500 g Karotten, 2 EL Sonnenblumenöl, Salz

1 Steckrüben schälen, waschen und in 3 x 3 cm große Würfel schneiden. In einer Kasserolle Butter bei hoher Hitze auslassen. Wenn sie anfängt zu zwitschern und Bläschen wirft, die Steckrübenwürfel dazugeben, ebenso Nelke, Lorbeerblätter, Zimt, Kümmel, Salz und Essig. Bei voller Herdleistung und unter ständigem Rühren mit einem Spachtel anschwitzen. Es sollen keine Röststoffe entstehen, das Püree soll hell werden.

2 Wenn ein zischendes Geräusch zu hören und der erste braune Rand zu sehen ist, den Herd auf halbe Leistung herunterdrehen und weiterrühren. Sobald sich das Geräusch nochmals ändert, dumpfer wird, den Deckel aufsetzen und 15 Minuten ziehen lassen, bis das Gemüse in der eigenen Flüssigkeit gar und weich geworden ist. Pürieren und dann fein geschnittenen Schnittlauch unterheben.

3 Die Karotten waschen, schälen und in 2 x 2 cm große Würfel schneiden. Pfanne trocken erhitzen. Gemüse einfüllen, dann Öl dazugeben und sparsam salzen. Herdplatte auf höchste Leistung eingeschaltet lassen und mit Deckel braten, bis sich die Stücke am Rand bräunen. Zwischendurch schwenken, bei Bedarf 1 EL Öl ergänzen. In 10 Minuten gar braten, bis die Karotten leicht bisfest sind.

Die Gourmetversion Selbst gemachte Gnocchi sollen gezeigt werden. Daher erst Steckrübenpüree und Chicorée auf den Teller geben und darauf die Gnocchi präsentieren. Karottenwürfel, Steckrübenpüree sowie das Granatapfelkompott begleiten das Ganze. Die Rosmarin-Thymian-Garnitur erwärmt zugeben.

»Bühne frei für Steckrübe, Gnocchi und Granatapfel!«

Knusprige Bohnenfrikadelle mit Sesam und karamellisierter Banane

Die beiden Mahlzeiten im Überblick

Knusprige Bohnenfrikadelle mit Sesam und karamellisierter Banane

Zwei spannende Interpretationen rund um die Bohne. Was vielerorts verschmäht wird, kann als Frikadelle gereicht – sogar für Kinder – zum Lieblingsessen werden. Die Farben Rotbraun, Hellgrün, Weiß, Orange und Gelb-Braun sind hier zu finden. Die Textur bewegt sich von knuspriger Bohnenfrikadelle hin zum weichen Gemüse, ein Keks dazu gibt noch mehr Biss und ist hier empfehlenswert.

Die Kombinationen

Die schnelle Version
Knusprige Bohnenfrikadelle mit Sesammantel, Gurkensalat, karamellisierte Banane, grüner Orangendip

Das Aromenmuster: würzig, mild

Den Kontrast zur Harmonie bilden: Kresse und Meerrettich

Der Keks dazu: Cranberry-Zitronenkeks, Rosinenstange

Eine weitere Kombinationsmöglichkeit: Bohnenfrikadelle, Süßkartoffel-Senfsauce (Seite 65), Karottenwürfel (Seite 108), Kräuterpesto (Seite 73)

Die Gourmetversion
Knusprige Bohnenfrikadelle mit Sesammantel, gedünsteter Spitzkohl, Gurkensalat, karamellisierte Banane, warme Orangenvinaigrette

Das Aromenmuster: würzig, mild

Den Kontrast zur Harmonie bilden: Dill und Meerrettich

Der Keks dazu: Schokoladen-Orangenkeks

Das lässt sich vorbereiten: Die Bohnen müssen schon am Vortag eingeweicht werden.

Bohnenfrikadelle mit Sesammantel

Zubereitungszeit: 50 Minuten + 8 Stunden Einweichzeit
Zutaten: 250 g Wachtelbohnen, 1 Lorbeerblatt, 1 TL Essigessenz, 100 g Karotten, 200 g Zucchini, 4 EL Sonnenblumenöl, 2 TL kräftige Gewürzmischung (Seite 32), Salz, ½ TL getrockneter Thymian, 1 EL getrockneter Majoran, 1 Prise Chiliflocken, 1 TL Kurkuma, 1 Ei, 1 Eigelb, 200 g Zwiebelpüree (Seite 35), 2 TL grober Senf, 2 EL kräftiges Olivenöl, 100 g Paniermehl
Zum Panieren: 4 EL Mehl, 1 Ei, 100 g Paniermehl, 200 g ungeschälte Sesamkörner, Sonnenblumenöl zum Braten

1 Die Bohnen mindestens 8 Stunden oder über Nacht mit der dreifachen Menge Wasser einweichen. Die Bohnen mit dem Einweichwasser in einen Kochtopf geben und so viel Wasser ergänzen, dass es im Topf 2 Fingerbreit über den Bohnen steht. Mit Lorbeerblatt und Essigessenz 30 bis 40 Minuten gar kochen. Die Bohnen sollten sich zwischen Daumen und Zeigefinger leicht zusammendrücken lassen.

2 Karotten schälen, Zucchini waschen und beides in kleine Würfel schneiden. Die Karottenwürfel in eine heiße Pfanne einfüllen, 2 EL Öl zugeben und bei voller Herdleistung braten, bis sie noch gut bissfest sind. Mit ½ TL Gewürzmischung sowie Salz würzen, in eine möglichst tiefe Schüssel (hält die Wärme) umfüllen und mit Folie abdecken.

3 Die Pfanne auswischen, erhitzen und die Zucchiniwürfel hineingeben. 2 EL Öl und 1 kleinen Spritzer Essigessenz hinzufügen und braten, bis die Würfelränder braun werden. Schwenken, mit ½ TL Gewürzmischung, Thymian und 1 TL Majoran würzen, zu den Möhren geben und abdecken.

4 Lorbeerblatt aus den Bohnen nehmen und die Hälfte der Bohnen mit etwas Bohnenwasser in einer Schüssel nicht allzu fein pürieren. Die restlichen Bohnen, 1 TL Salz, 1 TL Gewürzmischung, Chiliflocken, 1 TL Majoran, Kurkuma, Eier, Zwiebelpüree und Senf zugeben und gut vermengen. Der Teig sollte würzig, kräftig und etwas säuerlich schmecken.

5 Gebratenes Gemüse und Olivenöl unterarbeiten. Paniermehl hinzufügen. Aus dem Bohnenteig mit zwischendurch immer wieder angefeuchteten Händen etwa hühnereigroße Frikadellen formen.

6 Zum Panieren je einen Teller mit Mehl, mit Wasser verquirltem Ei und mit Paniermehl gemischten, ungeschälten Sesamkörnern vorbereiten.

7 Die Pfanne vorwärmen, den Boden mit Sonnenblumenöl bedecken, die Frikadellen panieren und gleich in das warme Öl legen und bei mittlerer Hitze von beiden Seiten braun braten (sie lassen sich gut mit zwei Löffeln wenden).

Die Hälfte der gegarten Bohnen ist püriert und mit Gemüse vermengt. Die zweite Hälfte bleibt ganz.

Karamellisierte Banane

Zubereitungszeit: 5 Minuten
Zutaten: 1½ Bananen, 2 EL Öl, 1 Prise Salz, 20 g Butter, 2 gestrichener TL Zucker, 1 Prise Chiliflocken, 2 TL Zitronensaft, 2 EL frischer Meerrettich, 20 Estragonblätter

1 Die Bananen schälen, in der Mitte durchschneiden und – wie auf dem Foto angezeigt – jede Hälfte mit den Daumen dritteln.

2 Eine Pfanne stark erhitzen, Bananenstücke hineinlegen, Öl und 1 kleine Prise Salz hinzugeben. Wenn sich ein brauner Saum bildet, die Butter dazugeben.

3 Zucker daraufstreuen, karamellisieren lassen, mit Chiliflocken würzen, schwenken, die Pfanne vom Herd nehmen und den Zitronensaft darüberträufeln.

4 Vor dem Anrichten etwas geschälten Meerrettich darüberreiben und die Estragonblätter dazugeben.

Tipp Achten Sie beim Einkauf darauf, dass die Bananen den richtigen Reifegrad haben, sie sollten schön gelb sein und keine braunen Stellen haben, sonst werden sie beim Karamellisieren matschig und die Spitzen brechen ab.

Bananen zerteilen ist Fingerarbeit. Die Früchte bestehen aus sechs Sektionen, die aufgespalten werden.

Bananen fürs Karamellisieren müssen fest sein, gelb, nicht vollreif. Meerrettich zugeben, wenn die Pfanne vom Herd genommen ist, Hitze mindert sein Aroma.

Gurkensalat

Zubereitungszeit: 10 Minuten
Zutaten: 400 g Salatgurke, 3 Stängel Dill, 70 g saure Sahne, 2 EL Sonnenblumenöl, 2 Spritzer Essigessenz, 1 Msp. Senf, Salz, Pfeffer, Zucker

1 Gurken schälen, nach Belieben die Kerne entfernen, in sehr feine Scheiben schneiden und in eine Schüssel geben.

2 Dillspitzen waschen, trocknen, abzupfen und fein hacken. Saure Sahne mit Dill, Öl und Essigessenz verrühren, mit Senf, Salz, Pfeffer und Zucker abschmecken und die Sauce über die Gurken geben.

Für die schnelle Version einfach die doppelte Menge Gurkensalat machen.

Tipp Das Öl mit dem Pürierstab tröpfchenweise unter die saure Sahne rühren – das ergibt eine besonders schöne, gebundene Vinaigrette. Alternativ können Sie den Gurkensalat auch mit einem Essig-Öl-Dressing, einer Zitronenvinaigrette (Seite 72) oder einem Dressing aus Zitronensaft und Zucker servieren.

Grüner Orangendip

Zubereitungszeit: 15 Minuten + 3 Stunden Abkühlzeit
Zutaten: 4 Orangen, 1 EL Koriander (etwa 10 Blätter), ½ Packung Gartenkresse, 1 EL Sauerampfer (etwa 5 Blätter), 3 EL Basilikum (etwa 15 Blätter), 1 Prise Salz, 1 Msp. Ingwerpüree (Seite 35), ½ TL Olivenpüree (Seite 32), 120 ml Olivenöl, etwas Zucker

1 Orangen auspressen und den Saft knapp unter dem Siedepunkt auf 60 ml reduzieren. Im Kühlschrank etwa 3 bis 4 Stunden abkühlen lassen oder mit Kühlakkus und Eis schnell herunterkühlen*.

2 Die Kräuter waschen, trocknen und fein schneiden. Die Orangenreduktion mit Salz, Ingwerpüree und Olivenpüree in einen Rührbecher geben. Pürieren und währenddessen das Öl tröpfchenweise unterheben. Die Kräuter zugeben und fein pürieren. Nach Geschmack etwas Zucker unterrühren.

Die Orangenreduktion muss kalt sein, damit die beigemischten Gewürze ihre Farbe behalten. Gibt man die Kräuter in die warme Reduktion, werden sie grau.

Tipp Da die Oragenreduktion einige Zeit abkühlen muss, können Sie Zeit sparen, wenn Sie den Orangensirup aus der Vorratskammer verwenden.

Warme Orangenvinaigrette

Zubereitungszeit: 20 Minuten
Zutaten: 4 Orangen, Saft von 1 Limone, 1 TL Zucker, 1 Prise Salz, 1 Msp. Chiliflocken, 1 Msp. Thymian, 1 Msp. kräftige Gewürzmischung (Seite 32), 30 ml kräftiges Olivenöl, 1 Prise Zimt

1 Orangen auspressen und den Saft knapp unter dem Siedepunkt auf 75 ml reduzieren.

2 In einen Rührbecher füllen, Limonensaft, Zucker, Salz sowie Gewürze hinzufügen und mit dem Pürierstab vermischen und aufschlagen.

3 Während des Pürierens das Öl tröpfchenweise einarbeiten, dann den Zimt hinzufügen. Zum Anrichten nochmals leicht erwärmen (etwa 50 bis 60 °C).

Gedünsteter Spitzkohl

Zubereitungszeit: 10 Minuten
Zutaten: 800 g Spitzkohl, 1 TL Salz, 2 Prisen kräftige Gewürzmischung (Seite 32), 1 Spritzer Essigessenz, 2 TL Butter

1 Den Spitzkohl* vierteln und in Längsrichtung in dünne Streifen schneiden. Herd auf volle Leistung stellen, Pfanne heiß werden lassen, Kohl hineinfüllen (richtig voll packen, denn der Kohl fällt stark zusammen), Deckel aufsetzen und 30 Sekunden geschlossen halten. Umrühren, dann weitergaren. Die im Gemüse enthaltene Flüssigkeit reicht für den Kochprozess. Hin und wieder umrühren.

2 Nach 8 Minuten hat der Spitzkohl noch einen leichten Biss, nun Gewürze und Essigessenz zugeben, gut durchrühren und schwenken.

3 Vor dem Anrichten die Butter hinzufügen.

* Der Rest des Spitzkohls hält sich in Frischhaltefolie oder einem feuchten Tuch im Kühlschrank 1 knappe Woche.

Tipp Als Beilage können Sie Basmatireis servieren.

Die Gourmetversion Ein Bett aus Spitzkohl, darauf die Bohnenfrikadellen, behütet von Karamellbananen und einer Garnitur aus Estragon und Meerrettich – der Schlüssel für das Mahl ist der Gurkensalat. Er harmoniert mit allen Elementen, ist frisch, aromatisch (Dill) und liefert neben der Orangenvinaigrette die Sauce.

»Gebackene Bohne trifft scharfe Banane!«

Herzhafte Quarknocken mit Kohlrabi und Kartoffeln

Die beiden Mahlzeiten im Überblick

Herzhafte Quarknocken mit Kohlrabi und Kartoffeln

Zwei schöne Varianten rund um die beliebte Quarknocke, die ursprünglich in süßer Form gereicht wurde und als Universal-Eiweißkomponente für die vegetarische Küche das »Must-have« darstellt. Das Farbspiel reicht von Weiß und Grün über Gelb bis zu Kirsch- bzw. Tomatenrot. Die Textur geben die festen Quarknocken, das cremige Kartoffelpüree und das weiche Kohlrabigemüse mit der knackigen Tomaten-Kräuter-Nusspaste.

Die Kombinationen

Die schnelle Version
Quarknocken, gedünsteter Kohlrabi mit Schnittlauch, Gurkensalsa, gebratene Kirschen, Kartoffelpüree mit Liebstöckel

Das Aromenmuster: würzig, kräftig

Den Kontrast zur Harmonie bilden: Liebstöckel und Wacholder

Der Keks dazu: Schokoladen-Orangenkeks

Eine weitere Kombinationsmöglichkeit:
Quarknocken, Linsen in Zitronenvinaigrette (Seite 72), gedünsteter Staudensellerie (Seite 130), Himbeersauce (Seite 31), Kartoffelpüree (Seite 22)

Die Gourmetversion
Quarknocken, gedünsteter Kohlrabi mit Liebstöckel, Currysauce, Mohnbirnen, Kartoffelpüree, grüne Nusspaste

Das Aromenmuster: würzig, kräftig

Den Kontrast zur Harmonie bilden: Liebstöckel und Curry

Der Keks dazu: Salzstange

Das lässt sich vorbereiten: Quarknocken und Currysauce (für die Gourmetversion) können Sie schon am Vortag zubereiten.

Quarknocken

Zubereitungszeit: 40 Minuten + die Zeit zum Abtropfen des Quarks
Zutaten: 650 g Magerquark, 1 TL Zitronenabrieb, ½ TL getrockneter Thymian, 1 TL kräftige Gewürzmischung (Seite 32), 1 Spritzer weißer Balsamicoessig, Salz, 1 Ei, 3 EL Mehl, 2 EL Sonnenblumenöl pro Pfanne

1 Den Quark in ein sauberes Leinentuch einschlagen, in ein Sieb legen und 3 Stunden auspressen. Dazu das Sieb mit dem Quark in einen Topf hängen, einen zweiten etwas kleineren Topf mit Wasser füllen und auf die zugedeckte Quarkmasse stellen. Reichlich gesalzenes Wasser zum Kochen bringen.

2 Den abgetropften Quark in eine Schüssel geben und mit dem Schneebesen des Handrührgerätes cremig rühren. Zitronenabrieb, Thymian, Gewürzmischung, Essig, Salz und Ei hinzufügen und die Masse glatt rühren. Anschließend das Mehl unterrühren. Die Quarkmasse sofort weiterverarbeiten.

3 Mit zwei angefeuchteten Esslöffeln Nocken formen. Dazu Quarkmasse auf einen der Löffel geben, sodass er gut gefüllt ist. Wie auf dem Bild gezeigt, die Masse auf den anderen Löffel streichen, diesen Vorgang so lange wiederholen, bis die Nocke drei schöne, glatte Seiten hat. Die Nocke vom Löffel ins siedende Wasser gleiten lassen, die Löffel erneut anfeuchten und die weiteren Nocken formen, bis der Topf gut gefüllt ist.

4 Die Nocken noch einmal aufkochen und etwa 5 bis 10 Minuten ziehen lassen, Garprobe machen. Dazu eine Nocke quer durchschneiden, der Kern sollte vollständig durchgegart sein. Gegebenenfalls weiter ziehen lassen. Die Nocken mit einer Schaumkelle aus dem Wasser heben und auf einem Baumwolltuch abtropfen lassen.

5 Das Öl in einer Pfanne erhitzen, die Nocken bei mittlerer Hitze anbraten. Sobald die Nocken an der ersten Seite einen braunen Saum bekommen, die Pfanne für 30 Sekunden vom Herd nehmen, dann die Nocken wenden und auf den anderen beiden Seiten genauso braten.

Vorrat anlegen Die Nocken halten sich bis zu 1 Monat im Tiefkühlschrank. Sie lassen sich leichter aus ihren Beuteln nehmen, wenn man einen Spritzer Öl dazugibt.

Quarknocken gelingen, wenn man beim Formen die Löffel nass hält, und den Löffel mit der Nocke ins kochende Wasser eintaucht, bis sie sich löst.

Gedünsteter Kohlrabi

Zubereitungszeit: 30 Minuten
Zutaten: 800 g Kohlrabi, 1 EL Butter, ½ TL Salz, 1 Prise Zucker
Für die schnelle Version: 2 EL Schnittlauchröllchen
Für die Gourmetversion: 6 Zweige Liebstöckel

1 Kohlrabi schälen, in bleistiftdicke Scheiben schneiden und weiter in ebenso breite Streifen.

2 Butter bei mittlerer Hitze in einer Pfanne zerlassen, Kohlrabi hineingeben, anschwitzen und salzen. Auf voller Hitze braten, bis das Gemüse anfängt zu zischeln. Den Herd ausstellen. Die Pfanne mit einem Deckel verschließen und etwa 7 Minuten auf dem Herd stehen lassen. Dabei gelegentlich hin und her bewegen. Garprobe machen: Der Kohlrabi sollte einen leichten Biss haben und glänzend weiß sein.

3 Kohlrabi nach Geschmack leicht zuckern.

4 Für **die schnelle Version** die Schnittlauchröllchen unter den Kohlrabi schwenken. Für **die Gourmetversion**: Den Liebstöckel waschen, trocknen, fein schneiden und zum Kohlrabi geben.

Kochtechnik Fürs Dünsten im eigenen Dampf einen möglichst weiten Topf oder eine große Pfanne wählen. Darin Butter zerlassen, das Gemüse in der Butter hin und her wälzen, den Topf mit dem Deckel (am besten aus Glas) verschließen, die Hitze herunterdrehen und das Ganze 15 Minuten (variiert nach Gemüse) dämpfen. Es bildet sich sofort Kondenswasser, das zum Garen vollkommen ausreicht. Man kann aber 2 EL Wasser hinzufügen. Bis auf wenige Ausnahmen lassen sich fast alle Gemüse dünsten. Die Ausnahmen sind Bohnen, Pilze oder Rote Bete.

Currysauce

Zubereitungszeit: 15 Minuten
Zutaten: 250 g säuerliche Äpfel (z.B. Holsteiner Cox, Bonum), 2 EL Sonnenblumenöl, 1 Muskatblüte, 1 Prise Salz, 400 ml Gemüsefond (Seite 20), 1 TL Ingwerpüree (Seite 35), 1 TL scharfes Currypulver, 1 Msp. Kurkuma, 1 Prise Zimt, 1 Prise gemahlener Kreuzkümmel, 1 Prise feine Gewürzmischung (Seite 32), Abrieb von 2 Limonen, ½ TL Zucker, 3 EL Olivenöl

1 Die Äpfel schälen, entkernen und in grobe Stücke schneiden. Das Öl in einem Topf bei mittlerer Hitze erwärmen. Äpfel, Muskatblüte und Salz dazugeben und anschwitzen, bis die Äpfel weich und farblos werden.

2 Mit dem Gemüsefond ablöschen und etwa 5 Minuten köcheln lassen. Ingwerpüree, Currypulver und Kurkuma hinzufügen und aufkochen lassen. Vom Herd nehmen und pürieren. Zimt, Kreuzkümmel, Gewürzmischung, Limonenabrieb und Zucker hinzufügen, nochmals aufwallen lassen.

3 Vom Herd nehmen und mit dem Pürierstab das Öl tröpfchenweise einarbeiten. Die Sauce schmeckt süßlich-scharf.

Wenn etwas übrig bleibt Die Sauce in einer Tupperdose oder Ähnlichem sorgfältig mit Frischhaltefolie abdecken. Sie hält sich im Kühlschrank 7 Tage. Beim vorsichtigen Erwärmen ständig rühren.

Tipp Kreiert man Kombinationen mit Currysauce, so richten sich alle Zutaten nach der Sauce, da sie immer das stärkste Gewürzaroma darstellt.

Gurkensalsa

Zubereitungszeit: 15 Minuten
Zutaten: 4 EL Erdnüsse, 300 g Gurke, 1 TL Zucker, Saft (etwa 50 ml) und Abrieb von 1 Limone, ½ TL Salz, 1 Prise getrockneter Thymian, 1 Prise kräftige Gewürzmischung (Seite 32), 1 Prise gemahlene Nelken, 1 Msp. Kreuzkümmel, 1 Msp. Ingwerpüree (Seite 35), ½ TL Peperonipüree (Seite 34), 50 ml mildes Olivenöl, 2 Stängel Dill, 8 Blätter marokkanische Minze

1 In einer Pfanne die Erdnüsse ohne Öl leicht anrösten und beiseitestellen. Die Gurke schälen und anschließend in 1 x 1 cm große Würfel schneiden.

2 Eine Pfanne stark erhitzen, die Gurkenwürfel einfüllen und braten. Sobald ein brauner Saum entsteht, den Zucker darübergeben und die Pfanne beiseitestellen. Mit Limonensaft ablöschen. Mit Limonenabrieb, Salz, Gewürzen und Pürees abschmecken.

3 Die Pfanne auf die noch heiße Herdplatte stellen und das Öl unter Rühren tröpfchenweise einarbeiten.

4 Dill und Minze waschen, trocknen, klein schneiden und vor dem Anrichten unter die Gurken mischen. Die Erdnüsse leicht zerstoßen und beim Anrichten über die Gurkensalsa streuen.

Gebratene Kirschen

Zubereitungszeit: 5 Minuten
Zutaten: 10 Kirschen, 1 TL weißer Balsamicoessig, 1 Prise Currypulver, 1 Prise Zimt, 2 Prisen Zucker, 1 TL mildes Olivenöl

1 Die Kirschen waschen, trocknen, halbieren und entsteinen.

2 Eine Pfanne stark erhitzen, die halbierten Kirschen mit der Schnittfläche nach unten in die heiße Pfanne geben. Sobald das Zischeln aufhört und ein dumpfes Bratgeräusch zu hören ist, die Kirschen mit dem Essig ablöschen. Mit Curry, Zimt und Zucker würzen.

3 Die Pfanne vom Herd nehmen und das Olivenöl über die Kirschen geben. Die Kirschen sind kirschrot und haben eine feste Struktur.

Kartoffelpüree

Zubereitungszeit: 40 Minuten
Zutaten: 1 kg mehligkochende Kartoffeln, 200 ml Milch, 3 Prisen Salz, 50 g Butter
Für die schnelle Version: 1 Prise feine Gewürzmischung (Seite 32), 8 Zweige Liebstöckel
Für die Gourmetversion: 1 Prise kräftige Gewürzmischung (Seite 32)

1 Kartoffeln schälen, waschen und achteln. Reichlich Wasser in einem großen Topf zum Kochen bringen, salzen und die Kartoffeln darin in 15 Minuten gar kochen. Den Garpunkt mit einem spitzen Schälmesser testen. Gleitet das Probestück leicht wieder herunter, sind die Kartoffeln gar. Die Kartoffeln abgießen.

2 Die Kartoffeln stampfen, es dürfen noch kleine Stückchen zu sehen sein. Dann die Gewürze hinzufügen und die heiße Milch nach und nach zugeben. Zum Schluss die Butter unterarbeiten.

3 Für **die schnelle Version** den Liebstöckel waschen, trocknen, Blättchen abzupfen, in Streifen schneiden und unter das Püree rühren. Das Kartoffelpüree soll matt aussehen und dabei so cremig sein wie weiches Marzipan.

Mohnbirnen

Zubereitungszeit: 10 Minuten
Zutaten: 300 g Birnen (z. B. Conference), 1 EL Sonnenblumenöl, 2 EL weißer Balsamicoessig, 1 TL Zucker, ½ TL Blaumohn (ganze Körner), 1 TL Olivenöl

1 Birnen waschen, schälen, halbieren und die Kerngehäuse entfernen. Jede Hälfte in 8 Schnitze schneiden.

2 Die Birnen dachziegelartig in eine kalte Pfanne setzen. Die Pfanne stark erhitzen, sobald die Birnen zischeln, das Sonnenblumenöl zugeben. Zuckern und warten, bis die Spitzen braun werden. Den Herd ausschalten und die Birnen mit dem Essig ablöschen.

3 Mohn und Olivenöl über die Birnen geben, die Pfanne mit dem Deckel verschließen und ziehen lassen, bis die Birnen weich sind und glänzen.

Vorbereitung Sollen die Birnen erst am nächsten Tag gegessen werden, die warmen Früchte 2 Minuten abkühlen lassen, in Frischhaltefolie verpacken und über Nacht ziehen lassen. Vor dem Anrichten von einer Seite, ohne Öl und ohne Butter, bei mittlerer Hitze in der Pfanne erwärmen.

Grüne Nusspaste

Zubereitungszeit: 15 Minuten
Zutaten: 100 g Cashewkerne, 1 Prise Salz, 20 g getrocknete Tomaten, 2 TL frischer Meerrettich, 1 EL Sonnenblumenöl, 3 grüne Oliven, 20 g glatte Petersilie, 1 TL Dill, 4 cm Zitronenzeste, 2 Prisen kräftige Gewürzmischung (Seite 32), 1 TL grober Senf, 1 Spritzer weißer Balsamicoessig

1 Cashewkerne in einer trockenen beschichteten Pfanne rösten, bis sie braun sind. Leicht salzen und grob hacken. Gut auskühlen lassen, die Kerne dürfen keine Restwärme haben.

2 Die Tomaten ganz fein schneiden und mit den gehackten Cashewkernen vermengen. Den Meerrettich schälen und fein reiben.

3 Öl, Oliven, Kräuter, Zitronenzeste, Gewürze, Senf und Essig kurz pürieren, mit den Cashewkernen, den Tomaten und dem Meerrettich vermengen.

Der Reifegrad der Birne entscheidet, wie viel Zeit sie zum Garen braucht. Gut ist die Bürgermeister-Birne.

Die Gourmetversion Zwei Nocken Kartoffelpüree und zwei Päckchen des gedünsteten Kohlrabis sind sternförmig mit einem offenen Kreis in der Mitte angerichtet. In ihm stehen die Quarknocken mit der Nusspaste. Zwei Birnenspalten sind fürs schöne Bild im Püree fixiert. Geht es ums Essen, wäre die doppelte Menge richtig. Ebenso mehr Currysauce.

»Schon mal probiert: Curry und Liebstöckel?«

Rotes Bohnenragout mit Kartoffelwürfeln und Blauschimmelkäse

Die beiden Mahlzeiten im Überblick

Rotes Bohnenragout mit Kartoffelwürfeln und Blauschimmelkäse

Das Bohnenragout, das leicht an ein Chili erinnert, ist Mittelpunkt dieser beiden Kombinationen. Es ist vegetarisch und lässt keinesfalls das Fleisch vermissen.

Die Kombinationen

Die schnelle Version

Bohnenragout, gedünsteter Staudensellerie, gebratene Kartoffelwürfel mit Blauschimmelkäse, Johannisbeer-Zwiebelpüree oder Himbeersauce

Das Aromenmuster: würzig

Den Kontrast zur Harmonie bilden: Kerbel, Minze und Zimt

Der Keks dazu: Fenchelkeks, Salzstange

Eine weitere Kombinationsmöglichkeit: Bohnenragout, Pellkartoffeln (Seite 72), geschmorter Fenchel aus dem Ofen (Seite 100), Shortbread (Seite 160)

Die Gourmetversion

Bohnenragout, weißes Bohnenmus, gebratene Kartoffelwürfel mit Blauschimmelkäse, Feldsalat mit Radicchio, karamellisierte Birnen

Das Aromenmuster: würzig

Den Kontrast zur Harmonie bilden: Dill und Zimt

Der Keks dazu: Fenchelkeks, Zitronenkeks

Das lässt sich vorbereiten: Die Bohnen müssen schon am Vortag eingeweicht werden.

Bohnenragout

Zubereitungszeit: 2,5 Stunden + 12 Stunden Einweichzeit
Zutaten: 250 g Kidneybohnen, 3 Lorbeerblätter, 1 Zimtstange, ½ TL Essigessenz, 2 EL Tomatenmark, 100 g Zwiebelpüree (Seite 35), etwa 200 ml Gemüsefond, ½ TL Salz, ½ TL feine Gewürzmischung (Seite 32), ½ TL Chiliflocken, ½ TL getrockneter Thymian, 1 gehäufter TL Majoran

1 Bohnen mit der dreifachen Menge Wasser 12 Stunden oder über Nacht einweichen.

2 Die Bohnen mit dem Einweichwasser, Lorbeerblättern, Zimtstange und Essigessenz aufkochen (das Wasser sollte 2 Fingerbreit über den Bohnen stehen, gegebenenfalls ergänzen). Alle 2 Minuten umrühren, bis die Bohnen kochen.

3 Die kochenden Bohnen in eine große Jenaer Form füllen und mit geschlossenem Deckel 50 Minuten auf der untersten Schiene bei 180 °C im nicht vorgeheizten Ofen backen.

4 Nach etwa 50 Minuten die Garprobe machen: Die Bohnen sollten sich zwischen Daumen und Zeigefinger leicht zusammendrücken lassen. Die gegarten Bohnen in einen großen Topf umfüllen, Tomatenmark und Zwiebelpüree unterrühren. Mit Gemüsefond auffüllen, bis das Ragout sämig-kompakt ist. Unter Rühren noch einmal vorsichtig aufkochen lassen. Mit Salz und den restlichen Gewürzen abschmecken.

Tipp Alle Hülsenfrüchte grundsätzlich am Ende der Zubereitung salzen. Zu frühes Salzen verlängert den Garprozess.

Sämig wird das Bohnenragout, wenn Zwiebeln und Fond in der richtigen Menge vorhanden sind. Bohnen vertragen kräftige Gewürze wie Kreuzkümmel, Chili oder Zimt. Gar sind sie, wenn sie sich zusammendrücken lassen.

Gedünsteter Staudensellerie

Zubereitungszeit: 40 Minuten
Zutaten: 2 Bund Staudensellerie, 1 gestrichener TL Salz, ½ TL Zucker, 2 EL weißer Basalmicoessig, 1 TL Ingwerpüree (Seite 35), 40 g Butter

1 Die Stangen des Staudenselleries mit dem Sparschäler putzen, das ersetzt das Fädenziehen und reicht an der nach außen gekrümmten Seite. In 5 cm lange, diagonale Stücke schneiden.

2 Den Staudensellerie auf einem tiefen Backblech verteilen, 100 ml Wasser aufgießen, ein zweites Backblech als Deckel verwenden. Im nicht vorgeheizten Ofen bei 180 °C auf der mittleren Schiene etwa 30 Minuten garen. Wenn der Sellerie erste braune Stellen zeigt, Garprobe machen: Er sollte noch leicht bissfest sein.

3 Das Blech aus dem Ofen nehmen, den Sellerie salzen, zuckern und Ingwerpüree, Butter und Essig unterrühren.

Kartoffelwürfel

Zubereitungszeit: 20 Minuten
Zutaten: 400 g festkochende Kartoffeln, 80 g Haselnüsse, 6 EL Sonnenblumenöl, 4 EL milder Blauschimmelkäse, ½ TL Salz, 1 Prise getrockneter Thymian
Für die schnelle Version: 3 EL Kerbel, fein geschnitten, 12 Blätter marokkanische Minze, fein geschnitten
Für die Gourmetversion: 80 g Dillspitzen, fein geschnitten

1 Kartoffeln schälen und in 1 x 1 cm große Würfel schneiden.

2 Die Haselnüsse in einer heißen, trockenen Pfanne rösten. Nüsse herausnehmen und die Haut abrubbeln (geht am besten zwischen zwei flachen Händen).

3 Kartoffelwürfel bei voller Herdleistung in eine heiße, trockene Pfanne füllen. Öl hinzugeben. Sobald der Saum der Kartoffelwürfel anfängt, braun zu werden, mit dem Schaber bewegen. Von allen Seiten knusprig backen, herausnehmen und auf Küchenpapier abtropfen lassen. Den Käse in 1½ x 1½ cm große Würfel schneiden, die Haselnüsse mit einem Stieltopf leicht andrücken. Vor dem Anrichten die Kartoffelwürfel mit Salz und Kräutern würzen und mit Haselnüssen und Käse anrichten.

Gut zu wissen Immer wenn die Zeit knapp ist, Gemüse in Würfel von ½ cm Größe schneiden und heiß braten. Wenn die Pfanne heiß genug ist, gelingt das ohne Öl. Die Kochtechnik gilt für Gurken, Karotten, Kartoffeln, Knollensellerie, Rote Bete, Staudensellerie, Steckrüben, Süßkartoffeln.

Stangensellerie schälen geht leicht, wenn man einen **Sparschäler nimmt. Das erübrigt das Fädenziehen.**

Himbeersauce

Zubereitungszeit: 10 Minuten
Zutaten: 1 TL Zucker, 100 g Himbeeren (TK)

1 Einen hellen Karamell herstellen, dazu den Zucker im Topf schmelzen, ohne ihn braun werden zu lassen. Die gefrorenen Himbeeren zugeben und 2 Minuten warten, bis sie angetaut sind. Nicht kochen! Dann durch ein Haarsieb streichen.

Tipp Anstelle der Himbeersauce können Sie auch aus 4 EL Johannisbeersirup und 1 TL Zwiebelpüree (Seite 35) ein Johannisbeer-Zwiebelpüree rühren und als Farbklecks zur schnellen Version servieren.

Krosse Kartoffelwürfel sind das Ergebnis von hoher Hitze und wenig Fett. Dillspitzen begleiten sie.

Feldsalat mit Radicchio

Zubereitungszeit: 10 Minuten
Zutaten: 500 g Feldsalat, 200 g Radicchio, 2 EL Olivenöl, 1 EL weißer Balsamicoessig, 1 Prise Salz, 2 Prisen Pfeffer

1 Salate waschen und trocknen. Alles locker vermengen. Aus Olivenöl, Essig, Salz und Pfeffer ein Dressing zubereiten und den Salat damit vermischen.

Karamellisierte Birnen

Zubereitungszeit: 20 Minuten
Zutaten: 1 Birne, 20 g Butter, 1 TL weißer Balsamicoessig, 1 Prise Zucker

1 Birne schälen, Kerngehäuse entfernen und in Spalten schneiden. Eine Pfanne heiß werden lassen und die Birnen dachziegelartig hineinlegen, Butter hinzufügen, dann die Herdplatte auf halbe Leistung zurückstellen. Wenn sich der Saum der Birnen bräunt, den Garpunkt testen. Sollten sie noch hart sein, 1 TL Wasser zugeben. Einkochen lassen, erneut testen. Gegebenenfalls den Vorgang wiederholen.

2 Essig und Zucker zum Karamellisieren zugeben. Dann den Herd ausstellen und etwa 4 Minuten ziehen lassen.

Gut zu wissen Die Menge des Zuckers und des Essigs richtet sich nach dem Süßegrad der Birne.

Tipp Die karamellisierte Birne können Sie mit Vollmilchjoghurt mit etwas Zitronensaft verrührt als Dessert reichen. Dazu einfach die Menge der Birnen nach Belieben erhöhen.

Weißes Bohnenmus

Zubereitungszeit: 60 Minuten + Einweichzeit für die Bohnen

Zutaten: 125 g weiße Bohnen, 1 TL Salz, 1 Msp. getrockneter Thymian, 1 Msp. Chiliflocken, 1 Msp. gemahlener Kümmel, 4 cm Zitronenzeste, 2 EL Balsamicoessig, 2 EL gesalzene Butter, 2 Lorbeerblätter

1 Die Bohnen über Nacht in einer Schüssel mit der dreifachen Menge Wasser einweichen, dann mit dem Einweichwasser in einen Kochtopf geben und so viel Wasser ergänzen, dass es im Topf 2 Fingerbreit über den Bohnen steht, anschließend aufkochen.

2 Die kochenden Bohnen in eine Jenaer Form mit Deckel füllen. Im vorgeheizten Ofen bei 180 °C auf der mittleren Schiene 40 Minuten garen.

3 Nach etwa 40 Minuten eine Garprobe machen: Die Bohnen sollten sich zwischen Daumen und Zeigefinger leicht zusammendrücken lassen.

4 Bohnen abgießen, sie sollen jetzt schön trocken sein. In einen hohen Becher füllen, die Gewürze, den Essig und etwas Kochwasser hinzufügen und pürieren.

5 Vor dem Anrichten die Butter ins heiße Püree rühren, sodass das Mus eine cremig-kompakte Konsistenz bekommt.

Tipp Die Butter sollte beim Einarbeiten eiskalt sein, damit sich das Fett nicht von der Bohnenmasse trennt. Schneiden Sie die Butter in 1 × 1 cm große Stücke und arbeiten Sie diese unter beständigem Rühren ein. Anschließend können Sie das Bohnenmus nochmals leicht erwärmen.

Perfektes Bohnenmus sieht matt aus. Seinen vollen Geschmack entwickelt es nur gut erhitzt.

Die Gourmetversion Rotes Bohnenragout, weißes Bohnenmus, dazu karamellisierte Birnen und in der Diagonalen darüber eine Bahn aus knackig-würzigen Zugaben. Richtig ist, wenn cremige und weiche Konsistenzen zuerst auf dem Teller platziert sind. Obenauf folgt, was kross ist – und bleiben soll. Hier sind es die mit Nüssen und Blauschimmelkäse vermengten Kartoffelwürfel. Dillspitzen liefern das Grün im wichtigen Dreiklang der Farben.

»Bohne, Blauschimmelkäse und Zimt – ein Muss!«

Grießnocken mit Basilikumrübchen und Zitronen-Avocadodip

Die beiden Mahlzeiten im Überblick

Grießnocken mit Basilikumrübchen und Zitronen-Avocadodip

Bekannt sind die Grießnocken als Suppeneinlage. Hier gilt es, sie in den Mittelpunkt des Gerichts zu stellen. Das Farbenmeer besteht aus Gelb, Grün, Weiß, Gelb-Braun und Orange. Der Biss entsteht durch die knusprigen Mandeln. Die Grießnocken sind cremig und das Gemüse weich.

Die Kominationen

Die schnelle Version
Gebratene Grießnocken, Basilikumrübchen, Zucchini-Mandelragout, Zitronen-Avocadodip, Johannisbeer-Zwiebelpüree

Das Aromenmuster: würzig, süßlich

Den Kontrast zur Harmonie bilden: Rosmarin und Basilikum

Der Keks dazu: Salzstange

Eine weitere Kombinationsmöglichkeit: Grießnocken, Meerrettich-Mandeln (Seite 140), Rucola-Karotten-Sesam-Salat mit Buttermilch-Kartoffel-Dressing (Seite 148)

Die Gourmetversion
Gebratene Grießnocken, Basilikumrübchen, Karotten und Kohlrabi aus dem Ofen, Zitronen-Avocadodip, Meerrettichmandeln

Das Aromenmuster: würzig, süßlich

Den Kontrast zur Harmonie bilden: Meerrettich und Basilikum

Der Keks dazu: Salzstange

Das lässt sich vorbereiten: Grießnocken und Zitronen-Avocadodip können Sie schon am Vortag zubereiten.

Grießnocken

Zubereitungszeit: 40 Minuten
Zutaten: 100 g weiche Butter, 1 TL Salz, 3 Msp. getrockneter Thymian, 1 Prise Chiliflocken, 2 Eier, 200 g Hartweizengrieß, 30 g Butter

1 Einen Topf mit gesalzenem Wasser aufstellen und zum Kochen bringen.

2 Butter mit dem Schneebesen des Handrührgerätes weißcremig schlagen. Gewürze hinzugeben, dann die Eier nacheinander mit dem Handrührgerät auf kleinster Stufe einarbeiten, bis eine seidig-glatte Masse entsteht. Zum Schluss den Grieß mit einem Holzlöffel unterrühren. 3 Minuten quellen lassen.

3 Mit zwei Esslöffeln kleine, dreikantige Nocken formen, so lassen sie sich später gut braten.

4 Nocken ins Wasser gleiten lassen. Nur so viele Nocken formen, wie nebeneinander auf dem Boden des Topfes Platz finden. Die Nocken einmal aufkochen und 20 bis 30 Minuten knapp unter dem Siedepunkt kochen. Die Nocken sind gar, wenn auch der Kern durchgegart ist; dazu eine Nocke halbieren. Mit der Schaumkelle herausheben und auf einem Teller auskühlen lassen. Wasser, das sich sammelt, abgießen.

5 Vor dem Anrichten die Butter in einer Pfanne schmelzen und die Nocken langsam bei mäßiger Hitze von allen Seiten knusprig braten.

Tipp Butter und Eier rechtzeitig aus dem Kühlschrank nehmen, damit sie Zimmertemperatur annehmen.

Zitronen-Avocadodip

Zubereitungszeit: 10 Minuten
Zutaten: 60 g Tomate, Saft und Abrieb von 1½ Zitronen, ½ Tasse Wasser, 1 TL kräftige Gewürzmischung (Seite 32), 4 EL Zucker, ½ TL grober Senf, 1 Msp. Kurkuma, 1 Prise gemahlener Zimt, 80 g Avocadofruchtfleisch, 1 TL Salz, 2 EL weißer Balsamicoessig, 1 Msp. Chiliflocken, 1 Msp. Pfeffer, 1 TL Kurkuma, 2 EL Sonnenblumenöl, 2 EL Olivenöl

1 Tomate waschen, trocknen, den Strunk entfernen und in haselnussgroße Stücke schneiden. Alle Zutaten bis auf die Öle in einen Mixbecher füllen und mit dem Zauberstab solange pürieren, bis die Menge glatt ist.

2 Die beiden Öle während des Püriervorgangs nach und nach hinzufügen.

Butter und Eier sind seidig-glatt zusammengerührt, bevor der Grieß Löffel für Löffel untergemengt wird.

Basilikumrübchen

Zubereitungszeit: 10 Minuten
Zutaten: 400 g Rübchen*, 2 EL Butter, 1 Prise Salz, 1 Prise Zucker, 80 g Basilikum

1 Die Rübchen schälen, in gleichmäßig dünne, apfelschnitzartige Stücke schneiden und flach in eine trockene, heiße Pfanne legen. Bei großer Hitze anschwitzen, dann sofort die Hitze herunterschalten. Butter zugeben, salzen und zuckern.

2 Basilikumblätter waschen, trocknen und in Streifen schneiden, dabei die Rübchen ständig in Bewegung halten. Sie sollten keine Farbe bekommen, sondern weiß bleiben. Nach etwa 2 Minuten sind die Rübchen gar. Pfanne vom Herd nehmen und das Basilikum einschwenken.

Schneeweiß bleiben die Rübchen, wenn Garzeit und Hitzezufuhr exakt eingehalten werden.

Für **die schnelle Variante** können Sie die dreifache Menge der Rübchen zubereiten, damit alle satt werden. Geben Sie außerdem ½ TL grüne Peperonipüree (Seite 34) und 2 Prisen getrockneten Thymian dazu.

Warenkunde Damit es schmeckt, sollte das Rübchenfleisch schneeweiß und makellos sein. Darauf achten, dass die Rübchen außen schön glatt sind. Runzeligkeit deutet auf ein holziges Inneres hin. Am besten die Rübchen nur zur Erntezeit kaufen. Das sind für Mairüben die Monate Juli bis August, für Teltower Rübchen Oktober und November.

Zucchini-Mandelragout

Zubereitungszeit: 10 Minuten
Zutaten: 120 g ganze, geschälte Mandeln, 1 TL frischer Rosmarin, 2 EL Liebstöckel, 200 g Zucchini, 1 EL Butter, 1 EL Berberitzen, Saft und Abrieb von 2 Limonen, 2 Prisen kräftige Gewürzmischung (Seite 32), 1 Prise Paprika edelsüß, 1 Prise gemahlener Kreuzkümmel, 3 Prisen Salz, 1 Prise Zucker, 1 EL kräftiges Olivenöl

1 Mandeln bei mittlerer Hitze in der Pfanne ohne Öl leicht bräunlich rösten. Rosmarin und Liebstöckel fein schneiden und beiseitestellen. Die Zucchini waschen und in 2 x 2 cm große Würfel schneiden.

2 Die Pfanne trocken auswischen, stark erhitzen, so viele Zucchiniwürfel einfüllen, dass der Boden bedeckt ist. Sogleich Butter, Berberitzen und Rosmarin zugeben, vorsichtig umrühren und braten, bis sich erste braune Stellen bilden. Die Pfanne vom Herd nehmen.

3 Limonensaft und -abrieb, Gewürze, Salz, Zucker und Liebstöckel zugeben. Abkühlen lassen oder mit Kühlakkus schnell herunterkühlen.

4 Vor dem Anrichten auf die Herdplatte stellen und unter Rühren das Öl tröpfchenweise zugeben. Die Mandeln unterheben.

Johannisbeer-Zwiebelpüree

Zubereitungszeit: 20 Minuten
Zutaten: 250 ml reiner schwarzer Johannisbeersaft, 70 g Zwiebeln, 2 EL Sonnenblumenöl, 1 Prise Salz

1 Johannisbeersaft durch Einkochen zu einem dickflüssigen Sirup reduzieren.

2 Zwiebeln schälen, klein schneiden und bei hoher Hitze mit dem Öl so anschwitzen, dass sie nicht braun (ein paar braune Stellen werden sich zeigen), aber glasig werden. Das heißt, ein bisschen probieren und die Hitze richtig justieren: Zu viel bräunt die Zwiebeln. Ist es zu wenig, schmecken sie muffig.

3 Herdplatte auf mittlere Hitze herunterschalten. Vorsichtig salzen. Das Ganze etwa 10 Minuten auf kleiner Stufe im eigenen Saft schmoren. Gar sind die Zwiebeln, wenn sich die Stückchen zwischen Daumen und Zeigefinger zusammendrücken lassen. Anschließend pürieren.

4 Den Johannisbeersirup unterrühren. Zum Servieren abkühlen lassen.

Vorrat anlegen Das Johannisbeer-Zwiebelpüree ist im Kühlschrank 4 Wochen haltbar. Es oxidiert langsam und wird dadurch bräunlich, was dem Geschmack aber kaum schadet.

Tipp Damit das Püree die schön dunkle Johannisbeerfarbe behält, den Saft auf etwa 3–4 EL Sirup einkochen und lieber weniger als mehr Zwiebeln verwenden.

Dunkelrot ist gewünscht. Dafür muss das Verhältnis von Zwiebeln und Johannisbeersaft stimmen.

Meerrettichmandeln

Zubereitungszeit: 15 Minuten

Zutaten: 120 g weiße, abgezogene Mandeln, Salz, 1 EL Butter, 1½ TL grober Senf, 1 Zweig Rosmarin, fein geschnitten, 1 gute Msp. gemahlener Kümmel, 1 gute Msp. getrockneter Thymian, 1 gute Msp. Chiliflocken, 1 Prise Zucker, 60 g frischer Meerrettich

1 Mandeln in eine kalte Pfanne geben und bei mittlerer Hitze ohne Öl rösten. Immer wieder mit einem Spachtel bewegen.

2 Sobald die Mandeln braun werden (das kann je nach Herdleistung dauern), Salz hinzugeben, dann die Butter. Wenn sie zu zerlaufen beginnt, den Senf, die Gewürze und den Zucker unter Rühren hinzufügen. Alles gut vermengen. Die Pfanne vom Herd nehmen.

3 Den Meerrettich schälen und fein reiben. Vor dem Anrichten unter die warmen Mandeln rühren.

Tipp Groben Senf kann man mitrösten, den frisch geriebenen Meerrettich nicht.

Karotten und Kohlrabi aus dem Ofen

Zubereitungszeit: 20 Minuten

Zutaten: 400 g Karotten, 400 g Kohlrabi, 2 Prisen Salz, 3 EL Butter, 2 Prisen Zucker

1 Den Ofen auf 200 °C vorheizen. Karotten und Kohlrabi putzen und in fingerdicke Streifen schneiden.

2 Das klein geschnittene Gemüse auf einem Backblech verteilen, salzen und mit 100 ml Wasser aufgießen. Auf der mittleren Schiene mit einem zweiten Backblech als Deckel 10 Minuten garen, dabei nach 5 Minuten das Gemüse einmal wenden. Das Gemüse ist gar, wenn es weich ist, aber noch einen leichten Biss hat.

3 Butter und Zucker über das Gemüse geben und anrichten.

Scharfe Mandeln liefern knackige Textur. Gut ist, den Meerrettich noch gröber zu raffeln.

Die Gourmetversion Karotten und Kohlrabi bilden das Bett, auf dem die Grießnocken liegen. An Fuß- und Kopfende des angerichteten Streifens sind die Rübchen beigelegt. Mandeln geben Textur, der Zitronen-Avocadodip zusätzliches Aroma. Die kantig-geraden Formen von Gemüse und Nocken machen das Anrichten einfach.

»Buttergrießnocke & scharfe Mandel: knackig und cremig.«

Sommerleicht: Spinat-Maismehlnocken mit Gemüse der Saison

Die beiden Mahlzeiten im Überblick

Sommerleicht: Spinat-Maismehlnocken mit Gemüse der Saison

Spinat wird hier mit Maismehl kombiniert und ergibt so eine weitere Sättigungsbeilage. Hier als Sommergerichte kombiniert, ergeben sie ein Farbspiel von Grün, Gelb, Weiß, Rot, Orange und Hellbraun. Die Textur ist hier gut ausgewogen durch die feste Spinatmaismehlnocke, den Maiskolben sowie den Salat zum »Beißen« und die cremigen Saucen. Ein weiterer Keks ist daher optional und nur das Tüpfelchen auf dem I.

Die Kombinationen

Die schnelle Version

Spinat-Maismehlnocke, Maiskolben aus dem Ofen mit Kresse, Schnittlauchdip, Sauce aus frischen Himbeeren

Das Aromenmuster: würzig, mild

Den Kontrast zur Harmonie bilden: Kresse und Kümmel

Der Keks dazu: Cranberry-Zitronenkeks, Zitronenkeks

Eine weitere Kombinationsmöglichkeit: Spinat-Maismehlnocken, Curry-Weißkohl (Seite 57), Ziegenjoghurtsauce (Seite 154), geröstete Haselnüsse, Berberitzen

Die Gourmetversion

Spinat-Maismehlnocke, Paprikapüree, Rucola-Karotten-Sesam-Salat mit Buttermilch-Kartoffel-Dressing, geschmorter Porree, Graupen

Das Aromenmuster: würzig, mild

Den Kontrast zur Harmonie bildet: der Rucola

Der Keks dazu: Erdnusskeks

Das lässt sich vorbereiten: Spinatmaismehlnocke und Paprikapüree (für die Gourmetversion) können Sie schon am Vortag zubereiten.

Spinat-Maismehlnocken

Zubereitungszeit: 60 Minuten
Zutaten: 80 g Zwiebeln, 1 EL Sonnenblumenöl, 2 EL Butter, Salz, 1 TL kräftige Gewürzmischung (Seite 32), 450 g Blattspinat (TK), ½ TL Zitronenabrieb, 120 g Maismehl, 2 Eier, 120 g Semmelbrösel

1 Die Zwiebeln schälen und in feine Streifen schneiden. Pfanne auf dem Herd erhitzen, Öl hineingeben und die Zwiebeln auf mittlerer Hitze glasig und weich schwitzen. Mit Butter, etwas Salz und der Gewürzmischung aromatisieren.

2 Eine Pfanne erhitzen und den Spinat hineingeben. Vorsichtig umrühren, leicht antauen lassen, die grüne Farbe bleibt so erhalten. Währenddessen 400 ml Wasser zum Kochen bringen. Den Spinat sofort in einem hohen Becher pürieren (hilfreich ist, den Becher im 45°-Winkel schräg zu stellen). Die Zwiebeln, Salz und Zitronenabrieb hinzufügen und sehr fein pürieren.

3 Maismehl mit dem Schneebesen in das kochende Wasser einrühren, bis ein dicker, behäbig blubbernder Brei entsteht. Damit der Brei nicht anbrennt, muss kräftig, ausgiebig und schnell gerührt werden. Dazu den Topf immer wieder von der heißen Platte nehmen. Reichlich Wasser in einem großen Topf aufkochen und salzen.

4 Die Eier nacheinander unter das Maismehl rühren und anschließend das Spinat-Zwiebelpüree untermengen. Solange Semmelbrösel hinzufügen, bis der Teig widerspenstig und zäh wird.

5 Mit zwei Löffeln Nocken formen (siehe Quarknocken, Seite 121). Die Oberfläche soll glatt und geschlossen sein. Nocken in das wallend kochende Wasser gleiten lassen. Damit sie sich von der Bodenfläche lösen und aufsteigen, nicht mit dem Löffel rühren, sondern den Topf mit beiden Händen an den Griffen hin und her rütteln.

Aufkochen und gute 5 Minuten ziehen lassen. Mit einem Schaumlöffel herausheben und über einem Geschirrtuch abtropfen lassen.

Tipp Wenn die Nocken am Vortag gemacht wurden, vor dem Anrichten mit etwas Butter in einer Pfanne erwärmen.

Vorrat anlegen Die Maismehlnocken mit einem Schuss Öl im Gefrierbeutel portionsweise einfrieren. Sie halten sich gut 4 Wochen.

Ein zäher, kompakter Maismehlteig, fast eine Art Brandteig, entsteht. In ihn werden mit einem groben Schneebesen Ei und Spinat eingearbeitet.

Maiskolben aus dem Ofen

Zubereitungszeit: 45 Minuten
Zutaten: 4 Maiskolben, 80 g Zwiebeln, 3 Lorbeerblätter, ½ TL kräftige Gewürzmischung (Seite 32), 1 Prise Zimt, ½ TL Salz, 8 cm Zitronenzeste, Saft von 2 Limonen, 2 EL kräftiges Olivenöl, 1 Packung Gartenkresse

1 Backofen auf 200 °C vorheizen. Blätter und Fäden vom Mais entfernen, dann abwaschen. Jeden Maiskolben in 4 Stücke teilen. Die Stücke auf ein hohes Backblech legen und mit soviel Wasser begießen, dass die Maiskolben einen Fingerbreit im Wasser stehen. Zwiebeln halbieren und mit den Lorbeerblättern zum Mais geben.

2 Auf der untersten Schiene mit einem zweiten Blech abgedeckt etwa 40 Minuten garen, bis die Maiskörner weich und glasig sind. Die Gewürze, Zitronenzeste und Limonensaft unterrühren. Mit dem Olivenöl aromatisieren.

3 Den Maiskolben (ohne die Zwiebeln) mit Kresse bestreut anrichten.

Sauce aus frischen Himbeeren

Zubereitungszeit: 10 Minuten
Zutaten: 1 Schälchen Himbeeren, etwas Zucker

1 Die Himbeeren verlesen und durch ein Sieb streichen und bei Bedarf leicht zuckern.

Tipp Die Sauce aus frischen Himbeeren am besten am gleichen Tag verbrauchen. Sollten Sie noch Reste übrig haben, schmeckt die Sauce mit Joghurt auch als Dessert.

Schnittlauchdip

Zubereitungszeit: 10 Minuten
Zutaten: 100 g Schnittlauch, 1 EL Dill, 500 g Magerquark, 1 Msp. Salz, ½ TL Zucker, 1 Msp. Senf, 1 Prise schwarzer Pfeffer, 1 EL Öl

1 Schnittlauch und Dill waschen, trocknen und fein schneiden.

2 Den Quark mit allen Gewürzen in einen Messbecher geben und gut 1 Minute lang mit dem Handrührgerät aufschlagen, bis die Masse cremig geworden ist. Das Öl tröpfchenweise einarbeiten. Schnittlauch und Dill unterheben.

Gewünscht sind die rote Himbeerfarbe und das volle Aroma. Das gelingt, wenn Saft und Fleisch der Früchte durchs Sieb gepresst werden.

Paprikapüree

Zubereitungszeit: 30 Minuten
Zutaten: 650 g rote Paprika, 1 TL Salz, 2 EL Öl, 1 TL Zucker, 4 EL weißer Balsamicoessig, 1 TL getrockneter Thymian, 1Tl kräftige Gewürzmischung (Seite 32), 1 Prise Chiliflocken, Abrieb von ½ Zitrone

1 Paprika mit dem Sparschäler schälen, halbieren, Kerne entfernen und in zentimetergroße Würfel schneiden. Eine Pfanne heiß werden lassen, die geschnittenen Paprika hineingeben – der Pfannenboden soll bedeckt sein – und salzen.

2 Wenn die Feuchtigkeit verdampft ist und die Paprika anfängt zu zischeln, Öl, Zucker und Essig hinzugeben. Immer wieder schwenken. Wenn die Flüssigkeit wiederum vollkommen verdampft ist, die Paprika glasig ist und wie karamellisiert glänzt, ist sie gar. Nun Gewürze und Zitronenabrieb hinzufügen.

3 In einen Messbecher füllen und pürieren*. Anschließend unter Rühren aufkochen, mindestens 5 Sekunden lang kochen. In ein Marmeladenglas füllen und Öl aufgießen, sodass das Püree luftdicht abgeschlossen ist.

Kochtechnik Es gibt noch einen zweiten Weg, Gemüse zu pürieren. Dafür werden Gemüse und Früchte in haselnussgroße Stücke geschnitten und dann im eigenen Dampf gegart. Das dauert etwa 10 Minuten bei niedriger Hitze – am besten in einem Topf mit Glasdeckel. Dann sieht man, was geschieht und muss nicht alle 2 Sekunden den Deckel öffnen. Die Messerprobe zeigt, wann das Gemüse gar ist: Es löst sich beim Hineinstechen sogleich wieder von der Messerspitze. Anschließend wird mit dem Mixer, nicht mit dem Pürierstab (der macht es nicht fein genug), püriert.

Vorrat anlegen Heiß in Gläser gefüllt, hält sich das Püree gute 2 Wochen im Kühlschrank.

Geschmorter Porree

Zubereitungszeit: 20 Minuten
Zutaten: 3 Porreestangen, 50 g Butter, 1 TL Zucker, 2 Prisen Salz

1 Porree putzen und die Herdplatte auf die höchste Leistung stellen. Zwei Finger breite und 5 cm hohe Lauchringe – und am besten nur das Weiße vom Porree – wie Säulen eng nebeneinander in die kalte Pfanne stellen. Butter dazugeben, zuckern und salzen.

2 Die Pfanne mit einem Deckel schließen, auf die Platte schieben und warten, bis es zu zischeln oder prasseln beginnt. Jetzt den Herd ausschalten. 5 Minuten warten. Der Porree soll außen weich sein und innen einen kräftigen Kern haben.

Porree kann in der Pfanne ohne zusätzliches Wasser geschmort werden. Die im Gemüse enthaltene Flüssigkeit reicht bei geschlossenem Deckel aus.

Rucola-Karotten-Sesam-Salat mit Buttermilch-Kartoffel-Dressing

Zubereitungszeit: 35 Minuten
Zutaten:
Für das Dressing: 130 g Kartoffeln, 1 TL Salz, 3 EL Zwiebelpüree (Seite 35) oder 100 g Zwiebeln, fein geschnitten, 2 EL Öl, 5 EL weißer Balsamicoessig, 2 EL Zucker, Abrieb von ½ Zitrone, 2 TL grober, scharfer Senf, 1 TL Ingwerpüree (Seite 35), 120 ml Buttermilch, 6 EL Walnussöl (wahlweise 4 EL Sonnenblumen- und 2 EL Olivenöl)
Für den Salat: 4 EL ungeschälte Sesamkörner, 1 Prise Salz, 500 g Karotten, 500 g Rucola, 1–1½ Schalen Kresse

1 Für das Dressing die Kartoffeln schälen, in dünne Scheiben schneiden und salzen. Das Zwiebelpüree in einem Topf anschwitzen, Kartoffeln dazugeben, anschwitzen und mit 3 EL Essig ablöschen, 1 gestrichenen EL Zucker zugeben und warten, bis sich auf dem Topfboden blubbernd-blasig der Fond bildet. Nun 250 ml Wasser hinzugießen, aufkochen und köcheln lassen, bis die Kartoffeln gar sind.

2 Die gegarten Kartoffel- und Zwiebelstücke und so viel Fond, dass sie gerade bedeckt sind, in einen Messbecher geben. Zitronenabrieb hinzufügen und mit dem Pürierstab ausgiebig pürieren, bis die Menge eine apfelmusartige Konsistenz bekommt.

3 Senf, Ingwerpüree, 1 EL Zucker und 2 EL Essig einrühren, dann die Buttermilch und schließlich bei laufendem Rührwerk nach und nach das Öl einarbeiten.

4 Für den Salat die Sesamkörner in eine kalte Pfanne füllen. Die Herdplatte auf volle Leistung stellen und den Sesam ohne jegliches Fett rösten, bis er braun wird. Abschließend salzen und abkühlen lassen.

5 Die Karotten schälen und raffeln. Rucola verlesen, die untersten Zentimeter der Stiele abschneiden, waschen und trocken schleudern.

6 Karottenraspel, Rucola und die abgekühlten Sesamkörner vermengen. Das Dressing dazugeben. Gartenkresse mit der Schere frisch geschnitten darüberstreuen.

Wenn etwas übrig bleibt Gut zugedeckt hält sich das Dressing 4 bis 5 Tage im Kühlschrank.

Graupen

Zubereitungszeit: 25 Minuten
Zutaten: 3 EL Sonnenblumenöl, 150 g Graupen, 1 guter EL Ingwer-Zwiebelpüree (Seite 35), 3 kleine Lorbeerblätter, 3 getrocknete Rosenknospen, 2 Nelken, 1 TL Salz, 1 Prise Chiliflocken

1 Den Herd anschalten und einen Topf stark erhitzen. Öl hinzufügen, Graupen, Ingwer-Zwiebelpüree, Lorbeerblätter und Rosenknospen hineingeben. Kurz anschwitzen, salzen, Nelken ergänzen und 300 ml Wasser zugeben.

2 Zwei Minuten sprudelnd kochen lassen, dann die Hitze herunterdrehen, und wenn eine sanft blubbernde Oberfläche entstanden ist, den Herd ausschalten. Topf abdecken.

3 Hin und wieder umrühren und das Ganze 10 Minuten quellen lassen. Abschließend mit Salz und Chili würzen.

Tipp Wenn Sie kein Ingwer-Zwiebelpüree vorrätig haben, können Sie alternativ 20 g klein geschnittene, vorgegarte Zwiebeln und 5 g klein geschnittenen, vorgegarten Ingwer hinzufügen.

Die Gourmetversion In den Spinatnocken steckt viel Arbeit. Der Grund, sie auf dem Teller hervorzuheben. Man richtet ein Fundament aus Graupen an, stellt wie architektonische Säulen den Porree darauf und bietet auf ihnen die Nocken dar. Paprikapüree als Sauce rahmt das Bild. Für ein Mahl sollte es davon mehr geben.

»Ein außergewöhnliches Exemplar der Spinatmaismehlnocke!«

Dreierlei Pfannkuchen mit frischem Gemüse und Nuss

Die drei Mahlzeiten im Überblick

Dreierlei Pfannkuchen mit frischem Gemüse und Nuss

Was als beliebte süße Variante nur so von schnell verdaulichen Kohlenhydraten strotzt, bekommt in der salzigen Version eine Fülle von Nährstoffen als Begleiter dazu. Die Farben Grün, Rot, Gelb und Braun sind ein Augenschmaus. Die Pfannkuchen knusprig zu backen ist der Trick, der die Textur des Gerichtes ausmacht. Und wer hätte es gedacht, die vermeintlich einfachen Pfannkuchen sind in diesem Buch das anspruchsvollste Gericht.

Die Kombinationen

Die schnelle Version
Zucchini-Sellerie-Pfannkuchen, warme Oliven-Erdbeeren, Weißkohlsalat, Orangenmayonnaise, Zimt-Walnüsse

Das Aromenmuster: würzig, mild

Den Kontrast zur Harmonie bilden: Rosmarin und Zimt

Der Keks dazu: Kümmelkeks

Eine weitere Kombinationsmöglichkeit: Kräuterpfannkuchen (Seite 155), Champignons und Tomaten (Seite 155), Ziegenjoghurtsauce (Seite 154)

Die Gourmetversion
Pfannkuchendreiecke, Quarkcreme, Tomaten-Avocado-Gemüse, Peperoni-Weintrauben, Zimt-Walnüsse

Das Aromenmuster: würzig, mild

Den Kontrast zur Harmonie bilden: Schnittlauch und Zimt

Der Keks dazu: Schokoladen-Orangenkeks

Das lässt sich vorbereiten: Die Quarkcreme (für die Gourmetversion) können Sie schon am Vortag zubereiten.

Pfannkuchen

Zubereitungszeit: 20 Minuten
Zutaten: 200 ml Milch, 200 ml Mineralwasser, 1 Ei, 1 Msp. Paprikapulver edelsüß, 1 Msp. Kurkuma, ½ TL kräftige Gewürzmischung (Seite 32), 1 Prise getrockneter Thymian, 1 Prise Chiliflocken, 1 TL Salz, 350 g Mehl, Sonnenblumenöl*

1 Die Milch, die Hälfte des Mineralwassers, das Ei, die Gewürze und das Mehl in dieser Reihenfolge in eine große Schüssel geben.

2 Mit einem Schneebesen von der Mitte beginnend in größer werdenden Kreisen einen dickflüssigen Teig anrühren.

3 2 EL Öl in einer Pfanne erhitzen, pro Pfannkuchen einen Schöpflöffel Teig (etwa 50 ml) hineingeben und von beiden Seiten knusprig braten. Wenn dem Pfannkuchen überschüssiges Öl anhaftet, kurz auf einem Küchenpapier abtropfen lassen. Im Backofen nebeneinander und überlappend warmhalten.

Tipp Mit dem Mineralwasser bestimmen Sie die Konsistenz des Teiges. Ist er zu dickflüssig, vorsichtig Wasser hinzufügen.

Zucchini-Sellerie-Pfannkuchen

Zubereitungszeit: 30 Minuten
Zutaten: 200 ml Milch, 150 ml Mineralwasser, 1 Ei, 1 Msp. Paprikapulver, edelsüß, 1 Msp. Kurkuma, ½ TL kräftige Gewürzmischung (Seite 32), 1 Prise getrockneter Thymian, 1 Prise Chiliflocken, 1 TL Rosmarin, 2 Prisen schwer duftende Gewürzmischung (Seite 32), 350 g Mehl, 350 g Zucchini, 50 g Sellerie, Sonnenblumenöl

1 Einen Pfannkuchenteig wie links beschrieben zubereiten.

2 Die Zucchini waschen und trocknen. Den Sellerie schälen, beides grob reiben und mit dem Teig vermengen.

3 Die Pfannkuchen wie links beschrieben backen.

Gut zu wissen Zum knusprigen Ausbacken eignet sich Sonnenblumenöl, weil es sich bis auf 180 °C erhitzen lässt. Butter verbrennt bei 100 °C. Olivenöl verliert bei 50 °C seinen Geschmack.

Vorbereiten Die Pfannkuchen lassen sich bis zum Anrichten im Ofen bei 120 °C (etwa 10 Minuten) warm halten.

Anrichten Die knusprig gebratenen Pfannkuchen werden geviertelt und in Dreiecken mit der Füllung auf den Tellern angerichtet.

Orangenmayonnaise

Zubereitungszeit: 2 Minuten
Zutaten: 2 Eier, ½ TL grober Senf, ½ TL Olivenpüree (Seite 32), 1 Msp. Peperonipüree (Seite 34), 1 TL Orangensirup (Seite 31), 2 Prisen Salz, 300 ml Sonnenblumenöl

1 Die Eier (Eigelb und Eiweiß!) in einen hohen Rührbecher schlagen, darauf Senf, die beiden Pürees, den Orangensirup, das Salz und das Öl (in genau dieser Reihenfolge) geben. Den Pürierstab auf den Boden des Bechers setzen. Erst jetzt einschalten und pürieren. Sobald die Mayonnaise kompakt wird, den Stab ganz langsam nach oben ziehen. Eine glatte und leicht glänzende Mayonnaise hat sich gebildet.

Warme Oliven-Erdbeeren

Zubereitungszeit: 5 Minuten
Zutaten: 250 g Erdbeeren, 1 TL Schnittlauch, 2 Prisen Zucker, Saft von 4 Limonen, 3 EL mildes Olivenöl, 1 EL Meerrettich

1 Die Erdbeeren waschen, trocknen und das Grün entfernen. Schnittlauch waschen, trocknen und fein schneiden. Eine Pfanne stark erhitzen, die Erdbeeren halbieren und mit der Schnittseite nach unten in die Pfanne setzen. Wenn es zischelt, die Pfanne beiseitenehmen.

2 Zucker und Limonensaft zugeben, es bildet sich ein glänzender, karamellartiger Fond. Das Olivenöl nach und nach unter Rühren in den Fond einarbeiten.

3 Zum Anrichten die Erdbeeren auf der heißen Herdplatte nochmals kurz erwärmen. Schnittlauch über die Erdbeeren streuen und den Meerrettich frisch darüberreiben.

Weißkohlsalat

Zubereitungszeit: 20 Minuten
Zutaten: 500 g Weißkohl, 1 TL Salz, 60 g Zucker, 1 Msp. gemahlener Kümmel, 4 EL Tafelessig, 4 EL Sonnenblumenöl

1 Für den Salat den Kohl ohne Strünke und Rippen in sehr dünne Streifen schneiden und in eine enge hohe Schüssel geben, die zum Kneten geeignet ist. Salz, Zucker, Kümmel und Essig zugeben.

2 Den gewürzten Kohl kneten und walken, bis er im eigenen Saft steht. Das dauert etwa 10 Minuten. Der Salat sollte süß-säuerlich schmecken, mit einem Hauch von Kümmel. Zum Schluss das Öl zugeben und den Salat nochmals gut verkneten.

Geröstete Zimt-Walnüsse

Zubereitungszeit: 5 Minuten
Zutaten: 80 g Walnusskerne, 1 Prise Zimt

1 Walnusskerne trocken in einer warmen Pfanne ohne Fett rösten, mit Zimt bestreuen und auf einem Teller abkühlen lassen.

Ziegenjoghurtsauce

Zubereitungszeit: 10 Minuten
Zutaten: 500 g Ziegenjoghurt, 3,5% Fett, Abrieb und Saft von 2 Limonen, 1 TL Zucker, 1 Prise Chiliflocken, 2 EL kräftiges Olivenöl

1 Alle Zutaten bis auf das Öl in einen Rührbecher geben, vermischen und unter laufendem Betrieb des Pürierstabes das Öl tropfenweise einarbeiten.

Dreierlei Pfannkuchen mit frischem Gemüse und Nuss

Kräuterpfannkuchen

Zubereitungszeit: 25 Minuten
Zutaten: 200 ml Milch, 200 ml Mineralwasser, 200 g Mehl, 150 g Maismehl, ½ TL Salz, 100 g glatte Petersilie, 3 Thymianzweige
Für die Füllung: 400 g Mozzarella, 80 g Haselnüsse, 8 Korianderblätter, 8 Minzeblätter, 10 g glatte Petersilie

1 Einen Pfannkuchenteig wie auf Seite 153 beschrieben herstellen. Die Petersilie waschen, trocknen und fein schneiden. Die Thymianblättchen zupfen und zusammen mit der Petersilie unter den Teig heben.

2 Den Mozzarella in Stücke reißen. Die Haselnüsse in einer Pfanne ohne Öl rösten, abkühlen lassen. Dann die Haut abreiben und die Nüsse grob zerstoßen. Die Kräuter waschen, trocknen und mit den Haselnüssen vermengen.

3 Die Hälfte der Zutaten erwärmen: Jeden Pfannkuchen mit Tomaten und Champignons (siehe unten) und 3 EL Ziegenjoghurtsauce füllen und einrollen. Mit Mozzarella und Kräuter-Haselnüssen garnieren. Noch etwas Sauce neben dem Pfannkuchen anrichten.

Gebratene Champignons

Zubereitungszeit: 20 Minuten
Zutaten: 500 g Champignons, 2 EL Sonnenblumenöl, 2 Prisen Salz, 1 EL Balsamicoessig, 1 Prise kräftige Gewürzmischung (Seite 32), 1 Prise getrockneter Majoran, 4 cm Zitronenzeste

1 Champignons je nach Größe halbieren oder vierteln. Eine Pfanne sehr heiß werden lassen, Pilze hineingeben, rösten bis ein brauner Saum entsteht, dann Öl zufügen und braten, bis die Champignons goldgelb und fest sind.

2 Erst wenn die Pilze von allen Seiten goldgelb bis braun sind, salzen, und mit Essig, Gewürzmischung und Majoran würzen, dann die Zitronenzeste einschwenken.

Gebratene Tomaten

Zubereitungszeit: 20 Minuten
Zutaten: 400 g Tomaten, 2 EL Sonnenblumenöl, 2 EL Balsamicoessig, 1 Prise Zucker, 2 Prisen Salz, 1 Prise getrockneter Thymian

1 Tomaten waschen, trocknen, vierteln und den Stielansatz entfernen. Eine Pfanne bei starker Hitze erwärmen, die Tomaten hineingeben. Sobald es zuzischen beginnt, das Öl zugeben. Wenn die Tomaten einen braunen Saum bekommen, mit einem Pfannenwender wenden. Den Essig zugeben und die Tomaten zuckern und würzen.

Quarkcreme

Zubereitungszeit: 15 Minuten + Abtropfzeit für den Quark
Zutaten: 500 g Magerquark, 4 hartgekochte Eigelb, 1 Msp. kräftige Gewürzmischung (Seite 32), ½ TL grober Senf, Saft und Abrieb von 1 Limone, 1 TL Olivenpüree (Seite 32), 1 Msp. Peperonipüree (Seite 34), 200 ml Sonnenblumenöl

1 Am Vortag den Quark auspressen: Dazu ein Leinentuch in ein Sieb legen. Das Sieb über eine Schüssel hängen, den Quark einfüllen, mit dem Tuch zudecken und mit einem mit Wasser gefüllten Topf beschweren.

2 Die hartgekochten Eigelb mit den Gewürzen, Senf, Limonensaft, -abrieb sowie die Pürees in eine Schüssel geben und cremig schlagen. Während des Rührens auf höchster Stufe das Öl tröpfchenweise einarbeiten, sodass eine cremige und kompakte Masse entsteht.

3 Der Quark wird als Füllung zu den Pfannkuchen gereicht.

Tipp Die übriggebliebenen, gekochten Eiweiß können Sie mit etwas Butter in einer Pfanne anbraten, bis sie einen braunen Saum bekommen. Mit etwas Schnittlauch, Kerbel oder kräftiger Gewürzmischung aromatisieren und als Beilage zu den Pfannkuchen servieren.

Peperoni-Weintrauben

Zubereitungszeit: 30 Minuten
Zutaten: 100 g kernlose Weintrauben, 1 EL Sonnenblumenöl, 1 TL Peperonipüree (Seite 34), 1 Prise Zucker

1 Eine Pfanne bei voller Herdleistung stark erhitzen. Weintrauben waschen, trocknen, halbieren und in die trockene heiße Pfanne geben. Zügig 1 EL Öl hinzufügen, Peperonipüree und Zucker unterrühren. Die Weintrauben sollen schön grün und bissfest sein sowie einen leicht braunen Saum haben.

2 Die Weintrauben auf mit Frischhaltefolie belegte Kühlakkus legen, mit Folie abdecken und abkühlen lassen.

Tomatengemüse mit Avocado

Zubereitungszeit: 25 Minuten
Zutaten:
Für die Tomaten: 700 g Tomaten, 2 EL Sonnenblumenöl, 2 EL weißer Balsamicoessig, 2 Prisen Zucker, ½ TL Salz, 2 Prisen getrockneter Thymian
Für die Avocados: 2 feste, reife Avocados, 2 EL Sonnenblumenöl, 2 Prisen Salz, 1 TL weißer Balsamicoessig, 1 Prise kräftige Gewürzmischung (Seite 32)
Für die Füllung: 100 g Schnittlauch, 500 g Römersalat

1 Tomaten waschen, trocknen, vierteln und den Stielansatz entfernen.

2 Eine Pfanne bei starker Hitze erwärmen, die Tomaten hineingeben (ggf. mit zwei Pfannen arbeiten). Sobald es zu zischen beginnt, das Öl zugeben. Wenn die Tomaten einen braunen Saum bekommen, mit einem Pfannenwender wenden. Den Essig zugeben und die Tomaten zuckern und mit Salz und Thymian würzen. Die Pfanne vom Herd nehmen.

3 Die Avocados längs halbieren, den Kern entfernen, das Fruchtfleisch mit einem Löffel aus der Schale heben und keilförmig achteln.

4 Eine Pfanne bei starker Hitze erwärmen, die Avocados hineinlegen, Öl zugeben, salzen. Wenn sich an den Spitzen ein brauner Saum bildet und die Avocados eine feuchte Oberfläche bekommen, die Pfanne vom Herd nehmen und die Avocados wenden. Essig und Gewürze zugeben. Nochmals kurz auf den Herd stellen, damit auch die andere Seite der Avocados einen braunen Saum bekommt.

5 Den Schnittlauch waschen, trocknen und fein schneiden. Außerdem den Salat waschen, trocknen und in feine Streifen schneiden.

Tipp Fragen Sie Ihren Gemüsehändler nach Ready-to-eat-Avocados – diese sind für das Pfannkuchengericht am besten geeignet.

Anrichten Jeweils die Hälfte der Quarkcreme, des geschnittenen Salats, der warmen Tomaten und des Schnittlauchs mischen. Die zweite Hälfte erst bei der »zweiten Runde« vermengen, da das Gemüse sonst kalt wird.

Die Gourmetversion Pfannkuchen vierteln, einen Teil der Quarkcreme mit den gebratenen Tomaten und dem geschnittenen Schnittlauch vermengen. Dann abwechselnd einen guten Esslöffel dieser Füllung auf den Teller geben und ein Stück Pfannkuchen schräg dagegen schichten. Die Avocado mit dem Fond der gebratenen Tomaten lackieren. Geröstete Walnuss und Peperoni-Weintrauben beilegen und mit einem Streifen reine Quarkcreme unterstreichen. Wichtig: Die Pfannkuchen dürfen während des Anrichtens nicht auskühlen. Im auf 140 Grad erhitzten Backofen bleiben sie warm und knusprig.

»Ganz unerwartet:
die Königsklasse!«

Kekse – für den Biss

Der Geschmack von Keksen wird durch folgende geschmacksgebende Zutaten gelenkt: Zesten von Orange oder Zitrone und Mark von der Vanilleschote. Je nachdem was hervorgehoben werden soll, wird eines oder beides zugegeben. Butter gibt einen feineren Geschmack als andere Fette. Zucker wird im Gegensatz zu anderen Rezepten reduziert eingesetzt und wird ein Karamellgeschmack benötigt, verwendet man Rohrohrzucker. Nüsse werden geröstet, abgekühlt und gemahlen verwendet. Alle Rezepte mit Backpulver werden sofort verarbeitet, alle Teige ohne Backpulver kann man kühl stellen und später verarbeiten.

Zitronen- oder Orangenkekse

Zubereitungszeit: 25 Minuten + Kühlzeit
Zutaten: Zesten von 4 Zitronen oder Orangen, 180 g Zucker, 250 g Butter, Mark von ½ Vanilleschote, 2 Eier, 500 g Mehl, Eigelb zum Bestreichen

1 Die Zesten mit dem Zucker verrühren. Die zimmerwarme Butter etwa 5 Minuten schaumig schlagen, Zuckermischung zugeben und nochmals 5 Minuten rühren.

2 Vanillemark zugeben und die Eier nacheinander unter Rühren hinzufügen. Jedes Ei mindestens ½ Minute unterrühren. Mehl nach und nach hinzugeben und erst mit dem Knethaken, dann mit der Hand weiter vermengen.

3 2 bis 4 gleichgroße Rollen formen, diese etwa 30 Minuten kühl stellen. Mit dem Messer dünne Scheiben abschneiden. Auf ein mit Backpapier belegtes Backblech setzen, mit verquirltem Eigelb bestreichen und im vorgeheizten Ofen bei 180 °C (Umluft 160 °C) etwa 8 bis 10 Minuten backen.

Variante: Zitronenkeks mit Cranberries
Den Zucker aus dem Grundrezept auf 140 g reduzieren und den Teig mit 80 g getrockneten Cranberries verkneten.

Haselnuss-Mohnkekse

Zubereitungszeit: 25 Minuten + Kühlzeit
Zutaten: 200 g Haselnüsse, 250 g Butter, 200 g Rohrohrzucker, Mark von ½ Vanilleschote, 2 Eier, 50 g gemahlener Mohn, 450 g Mehl, Type 405 (Bio-Qualität)

1 Die Haselnüsse bei 180 °C im vorgeheizten Ofen etwa 8 Minuten backen, dabei einmal wenden. Beiseitestellen.

2 Zimmerwarme Butter etwa 5 Minuten schaumig schlagen, Zucker und Vanillemark zugeben, die Eier nacheinander hinzufügen und nochmals 5 Minuten rühren. Die abgekühlten Haselnüsse fein mahlen, mit dem Mohn zum Teig geben und verkneten. Mehl unterkneten, 2 bis 4 Rollen formen und 30 Minuten kühl stellen, dann mit dem Messer dünne Scheiben abschneiden. Auf ein mit Backpapier belegtes Backblech setzen und im vorgeheizten Ofen bei 180 °C (Umluft 160 °C) etwa 8 bis 10 Minuten backen.

Kümmelkekse

Zubereitungszeit: 25 Minuten
Zutaten: Zeste von 2 Orangen, 150 g Rohrohrzucker, 200 g Butter, 3 EL Orangensirup (Seite 31), 2 Eier, ¼ TL Salz, 2 TL Kümmel, 1 Msp. kräftige Gewürzmischung (Seite 32), 500 g Mehl, 2 TL Weinsteinbackpulver

1 Orangenzeste mit dem Zucker in der Moulinex mahlen. Zimmerwarme Butter etwa 5 Minuten schaumig schlagen, den Orangensirup esslöffelweise dazugeben, sodass eine cremige Masse entsteht. Den Orangenzucker hinzufügen und noch 5 Minuten weiterschlagen. Die Eier nach und nach hinzufügen und jedes Ei mindestens 1 Minute unterrühren. Salz, Gewürze und Mehl mit dem Backpulver mischen und zu einem geschmeidigen Teig kneten.

2 2 bis 4 Rollen formen, mit dem Messer dünne Scheiben abschneiden. Auf ein mit Backpapier belegtes Backblech setzen und im vorgeheizten Ofen bei 180 °C (Umluft 160 °C) etwa 8 bis 10 Minuten backen.

»Kekse geben den Gerichten den knackigen Biss!«

Rosinenstangen

Zubereitungszeit: 25 Minuten
Zutaten: 80 g kalifornische eingeschwefelte Rosinen, 225 g Mehl, ½ Pck. Weinsteinbackpulver, 70 g Zucker, 1 Ei, 2 EL Milch

1 Die Rosinen leicht hacken, mit allen anderen Zutaten zu einem glatten Teig verkneten und kleine Stangen formen.

2 Auf einem mit Backpapier belegten Blech im vorgeheizten Ofen bei 160 °C (140 °C Umluft) etwa 15 bis 20 Minuten backen, die Stangen sollen farblos bleiben.

Schokoladen-Orangenkekse

Zubereitungszeit: 25 Minuten
Zutaten: 200 g Butter, Zesten von 4 Orangen, 100 g Zucker, 3 EL Orangensirup (Seite 31), 100 g Schokolade, 85 % Kakaoanteil, 1 Ei, 3 TL Weinsteinbackpulver, 300 g Mehl, 50 g Maismehlstärke

1 Butter in einem kleinen Topf schmelzen und abkühlen lassen. Die Orangenzesten mit dem Zucker vermengen. Die Butter aufschlagen, Orangenzucker dazugeben. Den Orangensirup löffelweise unterrühren, sodass eine glatte Creme entsteht. Die Schokolade mit einem großen Messer hacken und fein mahlen. Das Ei in die Orangenbutter einarbeiten.

2 Backpulver, Mehl und Stärke verrühren und abwechselnd mit der Schokolade zur Butter geben. Den Teig mit der Hand kurz durchkneten und Kugeln formen. Auf ein mit Backpapier belegtes Backblech setzen und im vorgeheizten Ofen bei 180 °C (Umluft 160 °C) etwa 12 bis 15 Minuten backen.

Salzstangen

Zubereitungszeit: 25 Minuten
Zutaten: 150 g Mehl, 100 g Kartoffelstärke, 2 TL Weinsteinbackpulver, 1 TL Salz, 30 g weiche Butter, 2 Eiweiß, 5 EL Milch, 2 Eigelb

1 Mehl und Kartoffelstärke mischen, Backpulver und Salz dazugeben. Die Butter, das Eiweiß und zuerst 3 EL Milch unterrühren, zu einem geschmeidigen Teig verrühren, nach Bedarf noch 1 bis 2 EL Milch unterkneten.

2 Den Teig zwischen zwei Lagen Frischhaltefolie ausrollen und mit einem Messer etwa 7 cm lange Streifen schneiden. Diese mit beiden Händen in entgegengesetzte Richtung drehen, und auf ein mit Backpapier belegtes Backblech legen. Eigelbe mit 1 EL Milch oder Wasser verrühren und mit einem Pinsel die Salzstangen bestreichen. Mit Salz bestreuen und im vorgeheizten Ofen bei 175 bis 200 °C 10 bis 15 Minuten backen.

Shortbread

Zubereitungszeit: 45 Minuten
Zutaten für ein Backblech: 500 g Mehl, 150 g Rohrzucker, 1½ gehäufte TL Meersalz, 250 g Butter

1 Mehl, Zucker und Salz in eine Knetschüssel füllen, die Butter in Flocken (kleinen Stücken) darauf verteilen und unterheben, dann durchkneten – mit der Hand oder mit dem Knethaken des Handrührgerätes. Der Teig sollte kaum kleben. Haftet er doch, einen Augenblick ins Kühle stellen.

2 Teig gut 1 cm dick ausrollen. In 2 cm breite und 6 cm lange Streifen schneiden. Blech mit Backpapier auslegen, Kekse im Abstand von etwa 5 bis 8 Millimeter darauflegen. 30 Minuten bei 180 °C auf der mittleren Schiene im vorgeheizten Ofen backen. Das Shortbread sollte möglichst keine Farbe annehmen. Zum Abkühlen mit einer Winkelpalette auf einen Kuchenrost legen.

Mürbteigkekse mit Fenchelsamen

Zubereitungszeit: 25 Minuten + 30 Minuten Ruhezeit für den Teig
Zutaten: 3 Teile Mehl, 2 Teile Zucker, 1 Teil Butter, eventuell 1 Ei

1 Wichtig bei der Zubereitung des Klassikers ist, dass die Butter nicht zu hart ist. Man sollte sie mit dem Daumen gegen Widerstand etwas eindrücken können. Mehl, Zucker und Butter in einer großen, weiten Schüssel kneten und dann 30 Minuten zugedeckt zur Seite stellen. Nicht in den Kühlschrank, denn da wird die Butter wieder hart. Die Teigruhe ist wichtig, damit sich das im Mehl enthaltene Klebereiweiß nach dem Kneten entspannt und der Teig später nicht reißt.

2 Eine trockene Teflonpfanne erhitzen, die Fenchelsamen rösten und anschließend quetschen. Einfach geht das mit der Unterseite eines kleinen Stieltopfes auf einem Kunststoff-Brett.

3 Die so behandelten Fenchelsamen in den Teig einkneten, Stangen formen und im Ofen bei 180 °C 6 Minuten backen, bis sie goldgelb sind.

Tipp Die Plätzchen können auf Vorrat gebacken werden. In einer Metalldose halten sie sich mindestens 2 Wochen.

Erdnusskeks

Zubereitungszeit: 30 Minuten
Zutaten: 250 g Butter, 170 g Erdnüsse, 1 Prise Salz, 400g Mehl Type 405 (Bio-Qualität), 170 g Rohrohrzucker

1 Die Erdnüsse bei 180 °C im Backofen etwa 5 Minuten rösten, dabei einmal wenden. Aus dem Ofen nehmen, abkühlen lassen und grob zerstoßen.

2 Butter in einem Topf zerlassen, handwarm abkühlen lassen. Zucker und Butter cremig schlagen. Erdnüsse, Salz und Mehl zugeben und verkneten. 3 bis 4 Rollen mit je 3 cm Durchmesser formen, 15 Minuten kühl stellen, in sehr dünne Scheiben schneiden. Auf einem mit Backpapier belegten Backblech im vorgeheizten Backofen bei 180 °C 10 bis 15 Minuten backen.

Tipp Alle Kekse sind so abgestimmt, dass sie für die Mahlzeiten nicht zu süß sind, aber auch so gut schmecken. Als Dessertkekse kann man den Zuckeranteil nach Belieben erhöhen.

Dinkelbrot

Zubereitungszeit: 60 Minuten + Zeit zum Gehen
Zutaten: 1,5 kg Dinkelmehl, Type 630, 9 g Biohefe, 4 TL Meersalz

1 Das Dinkelmehl mit Hefe und Salz in einer großen Schüssel vermischen. 400 ml lauwarmes Wasser zugeben und verkneten. So viel Wasser verwenden, dass der Teig sich zu einer weichen Kugel formen lässt. 15 Minuten kneten, damit das Klebereiweiß austritt. So lange gehen lassen, bis der Teig sein Volumen vergrößert hat. Den Teig nochmals kneten, in zwei geölte und gemehlte Kastenformen verteilen und nochmals gehen lassen.

2 Den Ofen auf 200 °C vorheizen und das Brot 40 Minuten backen.

Roggenmischbrot

Zubereitungszeit: 60 Minuten + Zeit zum Gehen
Zutaten: 1 kg Roggenvollkornmehl, 500g Weizenmehl, Type 550, 9 g Biohefe, 18 g Sauerteigpulver, 4 TL Salz

1 Einen zähen Brotteig wie beim Dinkelbrot beschrieben zubereiten. Bei 200 °C im vorgeheizten Ofen 40 Minuten backen.

Die optimale Herstellung der Mahlzeiten

Kochen ist eine wunderbare Sache, aber irgendwann will man seine »Kunstwerke« auch fertig auf dem Teller haben. Daher finden Sie im Folgenden Vorschläge, wie Sie Ihre Zeit am Herd optimal nutzen können. Damit es möglichst bald heißt: Guten Appetit!

Knallgrüner Basmati mit knusprigem Feta und Aubergine
Reihenfolge der Herstellung, **schnelle Version**
1. Tomaten-Avocadodip zubereiten
2. Zutaten für das Petersilienpesto mischen und pürieren. 1 TL Dill und 1 EL Estragon schneiden
3. Auberginen braten
4. Petersilienreis garen
5. Feta braten
6. Schnittlauch in feine Röllchen schneiden

Reihenfolge der Herstellung, **Gourmetversion**
1. Rotkohlsalat zubereiten
2. Petersilienpesto herstellen, dann Minzblätter zupfen
3. Auberginen braten
4. Petersilienreis garen
5. Feta braten
6. Pfirsich braten

Erdige Graupen treffen Ananas mit Majoran
Reihenfolge der Herstellung, schnelle Version
1. Selleriewürfel braten
2. Cashewkerne rösten
3. Ananas und Paprika schälen, schneiden, Limonen reiben und Saft pressen
4. Graupenrisotto ansetzen und quellen lassen (Schritt 2 des Rezepts), Wasser für die pochierten Eier aufsetzen
5. Ananas-Paprika-Salsa und Graupenrisotto vollenden
6. Pochierte Eier zubereiten

Reihenfolge der Herstellung, **Gourmetversion**
1. Tomaten-Kräuter-Nusspaste zubereiten und abkühlen lassen
2. Sellerie braten
3. Paprikawürfel braten
4. Graupenrisotto zubereiten
5. Ananas braten und karamellisieren
6. Kräutersaiblinge zubereiten

Klasisch raffiniert: himmlische Semmelknödel mit Curry
Reihenfolge der Herstellung, **schnelle Version**
1. Semmelknödel ansetzen und quellen lassen (Schritt 1 des Rezepts)
2. Champignonsauce zubereiten, einen Topf mit Wasser auf dem Herd erhitzen
3. Semmelknödel zubereiten
4. Erdnüsse rösten, Frühlingszwiebeln garen

Reihenfolge der Herstellung, **Gourmetversion**
1. Curryweißkohl zubereiten
2. Semmelknödel-Rezept bis zum Quellen des Brotes folgen
3. Kürbis backen
4. Semmelknödel vollenden
5. Tomaten-Römersalat braten
6. Béchamelsauce aus der Vorratskammer holen und erwärmen

Kross gebratene Spätzle mit Steckrüben und Cranberrys
Reihenfolge der Herstellung, **schnelle Version**
1. Topf mit Wasser auf dem Herd erhitzen
2. Süßkartoffel-Senfsauce zubereiten und 10 Minuten garen, Kartoffeln kochen
3. Steckrüben putzen, schneiden und in den Ofen geben
4. Süßkartoffel-Senfsauce fertigstellen
5. Spätzle herstellen
6. Cranberrys im Ofen garen

Reihenfolge der Herstellung, **Gourmetversion**
1. Orangenfilets schneiden, Kartoffeln und Süßkartoffeln schälen
2. Topf mit Wasser auf dem Herd erhitzen
3. Steckrüben vorbereiten und in den Ofen schieben
4. Süßkartoffel-Senfsauce zubereiten
5. Rettich vorbereiten und in den Ofen schieben
6. Spätzleteig herstellen
7. Senf-Orangenkompott zubereiten
8. Spätzle erst kochen, dann in der Pfanne mit Öl anbraten; 1 TL Butter dazugeben

»Königsgemüse« Spargel mit Früchten der Saison
Reihenfolge der Herstellung, **schnelle Version**
1. Spargel schälen, Spargelfond ziehen
2. Pellkartoffeln kochen, Ofen vorheizen
3. Für Belugalinsen: Pesto und Zitronenvinaigrette herstellen
4. Pellkartoffeln pellen, Deckel auf den Topf
5. Spargel im Ofen garen, Belugalinsen kochen
6. Belugalinsen zum Anrichten erwärmen
7. Erdbeeren braten

Reihenfolge der Herstellung, **Gourmetversion**
1. Spargel schälen, Spargelfond ziehen.
2. Rhabarber schälen, dann auf der gleichen Herdplatte Fond ziehen
3. Erbsenpüree herstellen, dann abkühlen
4. Pellkartoffeln kochen, Ofen vorheizen. Dabei die Cashewkerne rösten
5. Spinat zubereiten, dann abkühlen
6. Rhabarber würfeln
7. Pellkartoffeln pellen, Deckel auf den Topf
8. Spargel auf der untersten Schiene, Fenchel auf der mittleren Schiene des Backofens garen
9. Erbsenpüree, Spinat und Rhabarber braten

Krosse Kartoffelrösti mit Kräutern und Apfelpüree
Reihenfolge der Herstellung, **schnelle Version**
1. Apfelpüree herstellen und abkühlen
2. Kräuterpesto herstellen und abkühlen
3. Kartoffelrösti auf Haushaltspapier entfetten und im Ofen bei 140 °C warmstellen
4. Warmer Tomatensalat auf 2 Pfannen verteilt zubereiten
5. Meerrettich reiben und zu dem warmen oder kalten Apfelpüree geben

Reihenfolge der Herstellung, **Gourmetversion**
1. Apfelpüree herstellen und abkühlen
2. Grüne Bohnen kochen und abkühlen
3. Karottenpüree kochen und abkühlen
4. Dressing für die Dill-Limonen-Bohnen zubereiten
5. Kartoffelröstis herstellen und warmstellen
6. Rosmarin-Aprikosen zubereiten
7. Dill-Limonen-Bohnen vollenden
8. Apfel- und Karottenpüree erwärmen, Öl zugeben

Grüne Kartoffelklöße begleitet von Champignons und Tomaten
Reihenfolge der Herstellung, **schnelle Version**
1. Kartoffeln im Ofen garen
2. Petersilienpesto herstellen
3. Tomatenvinaigrette zubereiten
4. Rucolasalat herstellen
5. Champignons braten
6. Gurkenwürfel braten
7. Wassertopf auf dem Herd erhitzen
8. Klöße herstellen

Reihenfolge der Herstellung, **Gourmetversion**
1. Kartoffeln im Ofen garen
2. Petersilienpesto herstellen
3. Braune Sauce zubereiten
4. Wassertopf auf dem Herd erhitzen
5. Kartoffelklöße herstellen
6. Champignons braten
7. Basilikumsalat zubereiten

In bester Gesellschaft: knusprige Polenta mit würzigem Gemüse
Reihenfolge der Herstellung, **schnelle Version**
1. Polenta zubereiten
2. Blumenkohl backen
3. Kartoffel-Senfsauce herstellen
4. Kräuter-Mohn-Paste herstellen
5. Polenta braten

Reihenfolge der Herstellung, **Gourmetversion**
1. Polenta zubereiten
2. Rote Bete und ggf. Béchamelsauce kochen
3. Fenchel schmoren
4. Tomaten-Backapfel zubereiten
5. Kerbelsauce herstellen
6. Polenta braten
7. Kerbelsauce herstellen

Kulinarischer Flirt: Gnocchi mit Früchten und Paprika
Reihenfolge der Herstellung, **schnelle Version**
1. Ofen vorheizen, Schwarzwurzeln vorbereiten und in ein heißes Tuch einpacken
2. Kartoffeln waschen und im Ofen garen
3. Ggf. aus der Vorratskammer kochen
4. Topf mit Wasser auf dem Herd erhitzen, Ofen auf 180 °C vorheizen
5. Schwarzwurzeln schneiden und im Ofen garen.
6. Papaya braten
7. Kräuter braten
8. Gnocchi in Butter mit Thymian und Orangenzesten braten

Reihenfolge der Herstellung, **Gourmetversion**
1. Ofen auf 150 °C vorheizen, Kartoffeln waschen und im Ofen garen
2. Karotten waschen, schälen, würfeln
3. Steckrübenpüree herstellen
4. Granatapfelkompott herstellen
5. Ggf. Paprikapüree und Béchamelsauce herstellen
6. Nach 65 Minuten Kartoffeln aus dem Ofen nehmen und pellen
7. Gnocchi herstellen
8. Karottenwürfel in der Pfanne garen. Gnocchi in Butter mit Thymian, Zitronen- und Orangenzesten anbraten
9. Chicorée in der Pfanne garen

Knusprige Bohnenfrikadelle mit Sesam und karamellisierte Banane

Reihenfolge der Herstellung, **schnelle Version**
1. Einweichen der Bohnen am Vortag
2. Bohnenfrikadellen herstellen
3. Gurkensalat zubereiten
4. Grünen Orangendip herstellen
5. Bananen in der Pfanne karamellisieren

Reihenfolge der Herstellung, **Gourmetversion**
1. Einweiche der Bohnen am Vortag
2. Bohnenfrikadellen herstellen
3. Orangen-Vinaigrette herstellen und Gurken schälen
4. Spitzkohl zubereiten
5. Während der Garzeit des Spitzkohl Gurkensalat zubereiten
6. Bananen in der Pfanne karamellisieren

Herzhafte Quarknocken mit Kohlrabi und Kartoffel

Reihenfolge der Herstellung, **schnelle Version**
1. Quarknocken zubereiten
2. Kartoffeln, Gurken und Kohlrabi schälen und schneiden, Kirschen halbieren
3. Kartoffeln für Püree aufsetzen
4. Kohlrabi dünsten
5. Gurkensalat herstellen
6. Quarknocken braten
7. Kartoffelpüree vollenden
8. Kirsche braten
9. Kräuter in den Kohlrabi und ins Püree geben

Reihenfolge der Herstellung, **Gourmetversion**
1. Cashewkerne rösten
2. Quarknocken zubereiten
3. Kartoffeln, Gurken, Kohlrabi, Äpfel und Birnen jeweils schälen und kleinschneiden
4. Currysauce herstellen
5. Kartoffeln fürs Püree ansetzen
6. Kohlrabi dünsten
7. Quarknocken braten
8. Kartoffelpüree vollenden
9. Mohnbirnen braten

Rotes Bohnenragout an Kartoffelwürfeln und Blauschimmelkäse

Reihenfolge der Herstellung, **schnelle Version**
1. Bohnen am Vortag einweichen
2. Bohnen aufkochen, dann in den Ofen schieben
3. Stangensellerie putzen und schneiden
4. Nachdem die Bohnen 20 Minuten im Ofen gegart sind, Stangensellerie in den Ofen schieben
5. Johannisbeer-Zwiebelpüree zubereiten
6. Blauschimmel-Käse in Würfel schneiden
7. Kartoffelwürfel braten
8. Bohnenragout im Topf aufkochen

Reihenfolge der Herstellung, **Gourmetversion**
1. Am Vortag je einen Topf mit Kidney- und weißen Bohnen einweichen
2. Kidneybohnen aufkochen, dann in den Ofen schieben
3. Ebenso mit den weißen Bohnen verfahren
4. Blauschimmel-Käse in Würfel schneiden
5. Kartoffelwürfel braten
6. Salat (ohne Dressing) vorbereiten
7. Weißes Bohnenmus herstellen
8. Bohnenragout zubereiten
9. Birnen schmoren
10. Salat mit Dressing anmachen

Grießnocken mit Basilikumrübchen und Zitronen-Avocadodip

Reihenfolge der Herstellung, **schnelle Version**
1. Topf für Grießnocken aufstellen
2. Zitronen-Avocadodip zubereiten
3. Grießnocken herstellen
4. Zucchini und Rübchen waschen, putzen und schneiden
5. Mandeln rösten
6. Mandelragout herstellen und abkühlen
7. Grießnocken und Gemüse braten
8. Mandelragout vollenden

Reihenfolge der Herstellung, **Gourmetversion**
1. Wassertopf für Grießnocken aufstellen
2. Zitronen-Avocadodip herstellen
3. Grießnocken zubereiten
4. Meerrettich-Mandeln ohne Meerrettich rösten
5. Karotten und Kohlrabi im Ofen garen
6. Grießnocken braten
7. Rübchen garen
8. Meerrettichmandeln vollenden

Sommerleicht: Spinat-Maismehlnocken mit Gemüse der Saison

Reihenfolge der Herstellung, **schnelle Version**
1. Spinat garen und abkühlen. Ofen vorheizen
2. Schnittlauchdip zubereiten
3. Maiskolben im Ofen garen, einen Topf mit Wasser auf dem Herd erhitzen
4. Spinat-Maismehlnocken herstellen und garen
5. Himbeeren zu Himbeersauce verarbeiten

Reihenfolge der Herstellung, **Gourmetversion**
1. Spinat garen, dann abkühlen
2. Kartoffel-Buttermilchdressing zubereiten. Topf für Spinat-Maismehlnocken aufstellen
3. Sesam rösten, dann abkühlen lassen
4. Spinat-Maismehlnocken herstellen
5. Graupen und Porree garen
6. Rucola-Karotten-Sesamsalat vollenden

Dreierlei Pfannkuchen mit frischem Gemüse und Nuss
Reihenfolge der Herstellung, **schnelle Variante**
1. Weißkohlsalat zubereiten
2. Zimt-Walnüsse rösten
3. Orangen-Mayonnaise herstellen
4. Pfannkuchen braten
5. Oliven-Erdbeeren zubereiten

Reihenfolge der Herstellung, **Gourmetversion**
1. Peperoni-Weintrauben und Zimt-Walnüsse zubereiten
2. Quarkcreme anrühren
3. Pfannkuchen braten
4. Tomaten-Avocado-Gemüse braten

Anrichten der schnellen Version
Einen Teller anzurichten ist leicht, wenn man weiß, wie. Am Einfachsten ist die Turmbauweise: Die Zutaten werden übereinander in einer Linie in der Mitte des Tellers angerichtet, sodass alle Komponenten des Gerichts gut sichtbar sind. Die Sauce wird rechts oder links neben diesen Turm gegeben. Gibt es in einem Gericht eine Sauce und ein Pesto oder Himbeersauce, so ist es möglich, diese als Linie über den angerichteten Turm oder über den Tellerrand zu ziehen.

Die Reihenfolge ist entscheidend! Es geht nach Form und Farben: Wie beim Malen eines Bildes wird es nach oben hin bunt. Das Auge isst schließlich mit und entscheidet über den Geschmack eines Gerichts. Ist es nicht schön angerichtet, schmeckt es auch dem Betrachter nicht.

Die Anrichteweise anhand zweier verschiedener Beispiele:
Graupenrisotto mit Selleriewürfeln, Ananas-Paprikasalsa, pochiertem Ei und Majoranblättern
Graupenrisotto als Erstes in etwa 7 bis 10 cm breiten Streifen auf den Teller geben, darauf kommen die Selleriewürfel, dann die Ananas-Salsa und das pochierte Ei. Auf das Ei werden locker die Majoranblätter gesetzt. Neben dem Turm kann die Flüssigkeit der Ananas-Salsa angerichtet werden.

Semmelknödel, Frühlingszwiebeln mit Curry, Champignonsauce, gerösteten Erdnüsse und Berberitzen
Die Frühlingszwiebeln als Erstes auf den Teller geben, zwei Semmelknödel darauf anrichten. Geröstete Erdnüsse sowie die Berberitzen locker darüber streuen, die Champignonsauce neben den Frühlingszwiebeln anrichten.

Dankesworte
Wir danken
Ljubica Ich habe nur Deine Ideale der Hausmannskost weiterentwickelt.
Achim Du hast gesagt, ich sollte etwas Einfaches, Spektakuläres ohne Wiederholung entwickeln.
Otto Du hast gesagt, wir seien eine Einheit und sollten uns endlich selbstständig machen.
Nils Deinen journalistischen Rat konnten wir uns jederzeit holen.
Elke Ohne Dich hätte es dieses Buch nicht gegeben.
Sarah Danke für Deine Engelsgeduld.
Manfred Du hast meine mathematischen Fähigkeiten gefördert.
Edda Deine Unterstützung hat unsere Arbeit erst möglich gemacht.

Ich danke allen Skorpion-Geborenen, die mir die »Augen« geöffnet haben, mich zum ersten Mal tiefgründig mit einer Sache zu beschäftigen. Ohne das wäre das Buch niemals so geworden.

Wir danken allen Sosumi-Fans, die uns mit konstruktiver Kritik weitergeholfen haben und allen, die bei jedem Hamburger »Schietwetter« zu uns kommen, die jede Woche auf den Kick warten und mit denen wir es so weit geschafft haben.

Stichwortverzeichnis

A
Ananas
   Ananas, karamellisierte 49
   Ananas-Paprikasalsa 48
Apfel
   Apfelpüree, gebuttertes 80
   Tomaten-Backapfel 100
Aprikosen, Rosmarin- 80
Auberginen, gebratene 40
Avocado
   Tomaten-Avocadodip 41
   Zitronen-Avocadodip 137

B
Banane, karamellisierte 114
Basilikumrübchen 138
Basilikumsalat 92
Béchamelsauce 30
Berberitzen, Frühlingszwiebeln mit Curry und 56
Birnen
   Karamellisierte Birnen 131
   Mohnbirnen 124
Blumenkohl
   Blumenkohl mit Kräutern und Mohn 98
Bohnen
   Grüne Bohnen mit Dill und Limone 82
   Bohnenfrikadellen mit Sesammantel 113
   Weißes Bohnenmus 132
   Bohnenragout 129
Braune Sauce 91

C
Champignons
   Goldgelbe Champignons 88
   Express-Champignonsauce- 57
Chicorée, geschmorter 107
Currysauce 122
Curry-Weißkohl 57

E
Ei, pochiertes 48
Erbsenpüree 73
Erdbeeren, gebratene 72

F
Feldsalat mit Radicchio 131
Fenchel, geschmorter 73, 100
Feta, knuspriger 41
Frühlingszwiebeln mit Curry und Berberitzen 56

G
Gemüsefond 30
Gewürzbirnen, karamellisierte 81
Gnocchi 105
Granatapfelkompott 108
Graupen
   Graupen 148
   Graupenrisotto 47
Grießnocken 137
Gurken
   Gurkensalat 115
   Gurkensalsa 123
   Gebratene Gurkenwürfel 89

H
Himbeersauce 31, 131, 146

J
Johannisbeer-Zwiebelpüree 139

K
Karotten
   Karotten und Kohlrabi aus dem Ofen 140
   Karottenpüree 82
Kartoffel
   Rucola-Kartoffel-Sesamsalat 148
   Grüne Kartoffelklöße 87
   Pellkartoffeln 72
   Kartoffelpüree 123
   Kartoffelrösti 79
   Kartoffel-Senfsauce 98
   Kartoffelwürfel 130
Kerbelsauce 98
Kirschen, gebratene 123
Kohlrabi
   Gedünsteter Kohlrabi 122
   Karotten und Kohlrabi aus dem Ofen 140
Kräuter
   Tomaten-Kräuter-Nusspaste 50
   Kräuterpesto 72
Kürbis
   Kürbis aus dem Ofen 58

L
Linsen mit Zitronenvinaigrette 72

M
Maiskolben aus dem Ofen 146
Meerrettichmandeln 140

N
Nüsse
   Grüne Nusspaste 124
   Tomaten-Kräuter-Nusspaste 50

O
Olivenpüree 32
Orangen
   Grüner Orangendip 115
   Senf-Orangenkompott 66
   Orangensirup 31
   Warme Orangenvinaigrette 116

P
Papaya, gebratene 106
Paprika
   Ananas-Paprikasalsa 48
   Paprika-Béchamelsauce 107
   Paprikapüree 147
   Paprikavinaigrette 106
   Paprikawürfel 50
Pellkartoffeln 72
Peperonipüree 34
Pesto, kräftiges 79
Petersilienreis 39
Pfannkuchen 153
Pfirsich, karamellisierter 42
Polenta, knusprige 97
Porree, geschmorter 147

Q
Quarkcreme 155
Quarknocken 121

R
Radicchio, Feldsalat mit 131
Rettich, gebackener weißer 66
Rhabarber, gebratener 74
Rosmarin-Aprikosen 80
Rote Bete aus dem Ofen 99
Rotkohlsalat 42
Rübchen, Basilikum- 138
Rucola
   Rucola-Kartoffel-Sesamsalat 148
   Rucolasalat 91

S
Saitlinge, Kräuter- 49
Schnittlauchdip 146
Schwarzwurzeln aus dem Ofen 106
Sellerie
   Zucchini-Sellerie-Pfannkuchen 153
   Selleriewürfel 47
Semmelknödel 55
Spargel
   Geschmorter Spargel 71
   Spargel aus dem Ofen 71
Spätzle 63
Spinat
   Gedämpfter Spinat 74
   Spinat-Maismehl-Nocken 145
Spitzkohl, gedünsteter 116
Staudensellerie, gedünsteter 130
Steckrüben
   Gebackene Steckrüben 64
   Steckrübenpüree mit Kartoffelwürfeln 108
Süßkartoffel-Senfsauce 65

T
Tomaten
   Tomaten-Avocadodip 41
   Tomaten-Backapfel 100
   Tomaten-Kräuter-Nusspaste 50
   Tomaten-Römersalat, gebratener 58
   Tomatensalat, warmer 80, 92
   Tomatenvinaigrette, warme 90

W
Weißes Zwiebelpüree 35
Weißkohl, Curry- 57

Z
Zitronen-Avocadodip 137
Zucchini
   Zucchini-Mandel-Ragout 138
   Zucchini-Sellerie-Pfannkuchen 153
Zwiebelpüree, Johannisbeer- 139

Über die Autoren

Duško Fiedler, gelernter Koch, der seit 20 Jahren an seinem eigenen Kochstil feilt, und Nicole Fiedler, gelernte Köchin und Hotelbetriebswirtin, arbeiteten 10 Jahre lang in verschiedenen Positionen in der Gastronomie auf die Selbstständigkeit hin, um alle notwendigen Erfahrungen dafür zu sammeln. Seit drei Jahren betreiben sie mit Herzblut und Showtalent den »Foodtruck« SOSUMI auf Hamburger Wochenmärkten, in dem sie frisch hergestellte Convenience-Produkte für zu Hause, Suppen und Mittagsgerichte zum Sofortverzehr verkaufen.

Impressum

Bibliografische Information der Deutschen Nationalbibliothek
Die Deutsche Nationalbibliothek verzeichnet diese Publikation in der Deutschen Nationalbibliografie; detaillierte bibliografische Daten sind im Internet über http://dnb.d-nb.de abrufbar.

BLV Buchverlag
GmbH & Co. KG
80797 München

© 2014 BLV Buchverlag GmbH & Co. KG, München
Das Werk einschließlich aller seiner Teile ist urheberrechtlich geschützt. Jede Verwertung außerhalb der engen Grenzen des Urheberrechtsgesetzes ist ohne Zustimmung des Verlags unzulässig und strafbar. Das gilt insbesondere für Vervielfältigungen, Übersetzungen, Mikroverfilmungen und die Einspeicherung und Verarbeitung in elektronischen Systemen.

Bildnachweis:
Alle Fotos: Jan-Peter Westermann,
Westermann + Buroh Studios
Außer: S. 11/30: fotolia – JulietPhotography
S. 34: fotolia – Elenathewise
Grafiken (Löffel, Pfanne, Haube): Fotolia-Iom 123

Umschlagkonzeption: Kochan & Partner, München
Umschlagfotos: StockFood/Oliver Brachat (Vorderseite),
Jan-Peter Westermann, Westermann + Buroh Studios
(Rückseite)

Lektorat: Sarah Weiß; Julia Bauer, Berlin
Herstellung: Hermann Maxant
Layoutkonzept Innenteil und Satz:
griesbeckdesign, München

Gedruckt auf chlorfrei gebleichtem Papier

Printed in Germany
ISBN 978-3-8354-1175-3

Hinweis
Das vorliegende Buch wurde sorgfältig erarbeitet. Dennoch erfolgen alle Angaben ohne Gewähr. Weder Autoren noch Verlag können für eventuelle Nachteile oder Schäden, die aus den im Buch vorgestellten Informationen resultieren, eine Haftung übernehmen.

Die erste vegane Kochschule

Rose Marie Donhauser
Start vegan!
120 Genuss-Rezepte für jeden Tag – alle zu 100% neu und speziell vegan entwickelt · Vom Frühstück über Deftiges bis Desserts – mit Menüs für Gäste · Alle Basics zur ausgewogenen, bewussten Ernährung ohne Fleisch, Fisch, Milchprodukte und Ei.
ISBN 978-3-8354-1238-5